乡村旅游与文化产业融合发展探究

孙春华 ◎ 著

吉林出版集团股份有限公司

版权所有　侵权必究

图书在版编目（CIP）数据

乡村旅游与文化产业融合发展探究 / 孙春华著. ——长春：吉林出版集团股份有限公司，2023.10
ISBN 978-7-5731-4376-1

Ⅰ. ①乡… Ⅱ. ①孙… Ⅲ. ①乡村旅游－产业融合－文化产业－产业发展－研究－中国 Ⅳ. ①F592.3

中国国家版本馆CIP数据核字（2023）第191608号

乡村旅游与文化产业融合发展探究
XIANGCUN LÜYOU YU WENHUA CHANYE RONGHE FAZHAN YANJIU

著　　者	孙春华
出版策划	崔文辉
责任编辑	于媛媛
封面设计	文　一
出　　版	吉林出版集团股份有限公司
	（长春市福祉大路5788号，邮政编码：130118）
发　　行	吉林出版集团译文图书经营有限公司
	（http://shop34896900.taobao.com）
电　　话	总编办：0431-81629909　营销部：0431-81629880/81629900
印　　刷	廊坊市广阳区九洲印刷厂
开　　本	787mm×1092mm　1/16
字　　数	220千字
印　　张	13
版　　次	2023年10月第1版
印　　次	2024年1月第1次印刷
书　　号	ISBN 978-7-5731-4376-1
定　　价	78.00元

如发现印装质量问题，影响阅读，请与印刷厂联系调换。电话 0316-2803040

前 言

文化是旅游的灵魂，旅游是文化的载体。作为文化产业与旅游产业的融合，文化旅游不仅是旅游的重要组成部分，各种文化旅游资源是文化旅游者的重要吸引物；而且通过旅游这一活动实现了对区域、地方的传统文化、民俗等的保护、传承、传播、交流和融合，促进了文化产业的繁荣。

我国农村文化旅游早已开始，自农村旅游业兴起以来，多种形式的农村旅游不断出现，农村逐渐成为重要的旅游资源，感受和体验这些农村文化旅游资源正是文化旅游者旅游的首要动机。近年来，我国产业结构的调整更是为农村文化旅游与农村文化产业的快速发展提供了良好的发展机遇。我国的农村文化旅游业在实践层面历史比较短，在理论方面，学界关于农村文化旅游方面的论述还不是很多，而且比较零散，缺乏多维的、系统的分析和探讨。为此，本书试图对农村文化旅游与农村文化产业进行进一步深入、系统的研究，以期为振兴农村经济和帮助广大的中国文化旅游的爱好者和研究者提供一些新的思考方向和视角。

本书主要研究农村旅游与文化产业融合发展方面的问题，涉及丰富的农村文化旅游知识。主要内容包括文化旅游产业基础知识、乡村旅游新业态、乡村旅游发展模式、乡村旅游文化产品创新、旅游产品与文化产业的融合发展、乡村旅游与文化产业融合模式、乡村旅游文化产业的可持续发展等。本书在内容选取上既兼顾到知识的系统性，又考虑到可接受性，同时强调乡村文化旅游的重要性。本书旨在向读者介绍农村文化旅游的基本概念、原理和应用。本书兼具理论与实际应用价值，可供相关工作者参考和借鉴。

由于笔者水平有限，本书难免存在不妥之处，敬请广大学界同人与读者朋友批评指正。

目 录

第一章 文化旅游产业概述 ... 1
第一节 文化旅游概述 ... 1
第二节 文化产业、旅游产业与文化旅游产业 ... 10
第三节 文化旅游产业的地位与作用 ... 17
第四节 文化旅游产业发展的背景与现状 ... 22

第二章 乡村旅游新业态概述 ... 30
第一节 乡村旅游业态与新业态 ... 30
第二节 乡村旅游的业态演进 ... 40
第三节 乡村旅游新业态的形成机制 ... 47
第四节 我国乡村旅游新业态形式 ... 53

第三章 乡村旅游的发展模式 ... 58
第一节 乡村风情型发展模式 ... 58
第二节 农场庄园型发展模式 ... 64
第三节 景区依托型发展模式 ... 70
第四节 度假休闲型发展模式 ... 73
第五节 特色产业带动发展模式 ... 77

第四章 乡村旅游文化产品创新 ... 82
第一节 乡村旅游文化产品概述 ... 82
第二节 乡村旅游文化产品开发要点 ... 96
第三节 乡村旅游文化产品市场需求 ... 104
第四节 乡村旅游文化产品开发的创新设计 ... 110

第五章 旅游产业与文化产业融合发展的关系与动力 ... 116
第一节 旅游与文化的关系 ... 116
第二节 旅游产业与文化产业融合发展的动力 ... 123

第六章　旅游产业与文化产业融合发展的手段 ·· 133

第一节　旅游产业与文化产业融合发展的资源整合手段 ···················· 133
第二节　旅游产业与文化产业融合发展的市场整合手段 ···················· 147
第三节　旅游产业与文化产业融合发展的营销整合手段 ···················· 148
第四节　旅游产业与文化产业融合发展的政策整合手段 ···················· 151

第七章　乡村旅游与文化产业融合模式与发展机制 ································ 157

第一节　乡村旅游与文化产业融合发展模式概述 ································ 157
第二节　乡村旅游与文化产业融合发展机制 ·· 176

参考文献 ·· 199

第一章 文化旅游产业概述

文化旅游产业是文化产业与旅游产业的融合。近些年，文化产业已经成为第三产业和衡量综合国力的一项重要内容，同时也成为世界各国竞相发展的战略性产业。文化旅游产业是文化产业中起步较早、发展较快、占比例较高的一类细分市场。时至今日，随着现代旅游业的不断发展，文化旅游产业逐渐成为一种生活潮流和经营导向，成为旅游业竞争的新领域和旅游者的新选择，成为产业发展的制高点和经济增长点。

第一节 文化旅游概述

21世纪我国旅游的方向直指文化旅游，文化旅游对国民经济的发展起到了重要的推动作用，并且提高了人们对于生活的幸福感。为此，我们有必要对文化旅游的概念、文化旅游的构成要素、文化旅游的特征、文化旅游的分类进行分析。

一、文化旅游的概念

1977年，由罗伯特·麦金托什、夏希肯特·格波特所著的《旅游学：要素·实践·基本原理》一书，最早提出文化旅游这一概念，并提出"文化实际上概括了旅游的各个方面，人们可以借助它来了解彼此之间的生活和思想"。同时，学者鲍勃·麦克彻和希拉里·迪克罗（2005）也对这种观点表示了认同，并指出所有的旅游形式都包含着某种文化因素。自从1992年卢文伟在其文章中提出"文化旅游"，并主张建立文化旅游区，推动文化旅游发展之后,国内外很多学者对"文化旅游"做了许多相关研究,虽然没有明确文化旅游的理论体系,对文化旅游的概念也没有形成一致的定论。不过,可以把学术界对文化旅游概念的界定总结为以下四种主要的观点。

第一,文化旅游"概念"论,郭丽华认为"文化旅游是一个抽象的概念而不是一种旅游产品"。它强调文化旅游是一种思路、一种意识或者一种方法。对于经营者来说是一种产品设计的战略思路,对于旅游者来说则是一种旅游的方法。

第二,文化旅游"产品"论,蒙吉军、崔凤军认为:"文化旅游是指旅游产品的提供者为旅游产品的消费者提供的以学习、研究考察所游览国(地区)文化的一方面或诸方面为主要目的的旅游产品。"

第三,文化旅游"体验"论,世界旅游组织指出:"文化旅游包含了旅游的各个方面,是人们为了体验了解彼此的文化而发生的旅游。"

第四,文化旅游"活动"论,李江敏、李志飞在《文化旅游开发》中指出:"文化旅游是以观光、参与等行为为媒介,通过了解与熟悉特定文化群体区域的文化特性来达到增加知识和陶冶情操为目的的旅游活动。"

总之,本书将文化旅游定义为:旅游者出于提高自身文化知识与素养、获得精神享受、陶冶情操等目的,通过观光、体验等方式,对特定的文化群体或者区域特色文化的深厚内涵进行熟悉、体验的一种旅游活动。

二、文化旅游的构成要素

文化旅游由文化旅游主体、文化旅游客体、文化旅游媒介三部分构成。

(一)文化旅游主体

文化旅游主体,即文化旅游者,旅游者是旅游活动与审美的主体,是旅游客体的浏览主体,只有与旅游客体相对应时,它才能成为旅游主体。

需要注意的是，文化旅游主体并不等同于旅游主体，它只是旅游主体的一部分。从文化的角度来看，文化旅游主体一方面体验、接受旅游地的文化，另一方面也是文化的负载者和传播者。文化旅游者进行文化旅游的目的就是感受历史文化、充实自我。从经营者的角度来看，文化旅游产业追求的是整个产业链各环节的收益，将具有越来越强的文化吸附力，文化产品也会有更高的特色与价值。文化旅游者的经济承受能力也会比较高。

（二）文化旅游客体

文化旅游客体，即文化旅游资源，而文化旅游资源又属于旅游资源的一部分。旅游资源指一切能够激发人们的旅游动机，能为旅游活动所利用，并由此产生良好综合效益的任何因素。而文化旅游资源指的是"能给人一种超然的文化感受，具有审美情趣激发功能、教育启示功能以及民族、宗教情感寄托等功能的饱含文化内涵的旅游资源"。

南京市社科院文化发展研究所所长谭志云在谈及文化旅游项目繁荣发展时说到，目前长三角的文化旅游项目遍地开花，但从开发文化内容的视角来看，普遍存在挖掘文化内涵有余、与市场对接的娱乐改造不足的问题。目前，对文化旅游资源的深入挖掘和与文化旅游市场的紧密对接的项目，如首钢老厂改成主题公园、哈利·波特对角巷主题公园的开放，都受到了广泛的好评。如果说在文化旅游发展的初级阶段，主要是呈现与展示已有的旅游资源，让旅游者在旅行过程中体验与享受文化，那么在文化旅游发展的高级阶段，更强调让文化旅游资源"活"起来，注重改变文化旅游资源的转化方式、提高文化旅游资源的转化效率、优化文化旅游资源的转化产品。例如，淹城春秋乐园，以融入众多春秋文化元素和创新科技的"诸子百家园""春秋王国"等，吸引旅游者前来体验春秋文化。

（三）文化旅游媒介

文化旅游媒介连接着文化旅游主体与客体，是传递文化旅游的桥梁，在这里，我们更侧重于分析文化旅游经营环境的媒介。

旅游产业由"食、住、行、游、购、娱"六个要素组成，在文化旅游发展的初级阶段，其媒介最重要的构成就是交通、信息渠道和中间商。交通线路是旅游资源开发与扩展的重要因素，是实现文化旅游活动的不可或缺的条件；旅游信息具有寄载性、共享性、时效性等特点，是完成文化旅游活动的重要因素，是文化旅游主体消费发生的前提；中间商是产品及服务的主要销售渠道，组织协调文化旅游活动。

按照国家发改委社会发展司的设想，在休闲游或体验游阶段，"品、享、通、学、汇、动"将成为旅游的六要素。其中，品就是品位、品质，享就是享受离开原住地、到异地的别样生活，通就是说走就走的旅行，学就是旅游是一个学习的过程，汇就是旅游者与自然、社会、同伴的交流、融合，动则强调一切旅游活动都与休闲、运动紧密结合。在这六个字的精辟概括中，我们认为在文化旅游发展的高级阶段，"品、享、动"三个字是最重要的媒介，这既是企业在对接文化旅游消费市场时必须要抓住的要点，也是文化旅游资源转变为文化旅游项目及产品的重要精髓，更是吸引消费者进行文化旅游、延续性逗留与消费的重要因素。

三、文化旅游的特征

文化旅游的提出，不仅符合时代发展趋势，而且抓住了旅游业的本质内涵，直接表露出了这一旅游业发展的深层次韵味。具体而言，文化旅游具有以下几个特征。

（一）超综合性

旅游本身就是具有极强的综合性，而文化旅游又赋予其更加丰富的文化内容。文化旅游包括"吃、住、行、游、购、娱、健、闲、体"九个要素，集旅游、文化、商业、休闲娱乐、艺术、体育等于一体，学科边界越来越模糊。可以说，文化旅游已经发展成了一门综合性很强的学科。

（二）载体性

文化旅游的发展不是孤立的，必须以历史文化景点"文化艺术场所"演出会展场所等为载体，这些载体的品质和密集程度在很大程度上直接决定了文化旅游的发展程度。而且，这些载体与文化旅游的九个要素共同构成了完整的文化旅游产业链，具有丰富的文化内涵。通常情况下，文化旅游载体的布局越密集越完整，文化旅游产业链就越长。因此，文化旅游的载体是文化旅游产业链以及文化产业发展的关键性因素。

（三）知识密集性

文化旅游产品是一种知识密集型旅游产品，其中蕴含着大量的知识信息。文化旅游能为旅游者提供丰富的历史、文化、社会、科普、社会等多方面知识，使旅游者从中受到教育与启示，提高文化艺术修养。比如，有"音乐之都"之称的维也纳，凭借众多著名音乐家的遗迹成为欧洲著名的文化旅游中心，旅游者在这里可以感受到浓浓的艺术气息，受到音乐的熏陶。

（四）精品性

从产品的角度看，文化旅游产品资源的品位高，它是在人类历史发展中沉淀下来的精品。这些精品，既有人类物质行为结晶的精品，如以物质形态遗存的建筑物及其内涵文化。也有人类精神行为结晶的精品，如价值观念、学术思想等。

（五）体验性与参与性

由于时代的变迁和发展，传统旅游单纯的、静态的文化观赏已经无法满足当代人对文化旅游的需求，人们越来越要求在文化旅游中进行参与与体验，从而感受文化的价值和魅力。此外，从市场主体的角度看，文化旅游市场的主体基本是中青年人群以及"身心年轻"的老年人群，这在客观上也要求文化旅游活动具有较强的参与性、体验性。因此，现代文化旅游倡导文化体验与文化参与行为，体验性与参与性越来越成为现代文化旅游的核心本质要求。

（六）延展性

"延展性是指以一项文化旅游产品为核心可以衍生出一系列其他产品。"文化旅游具有文化含量高、附加值大的特点，能够开发、挖掘、衍生、创新出一系列的新产品，具有超强的延展性。文化不仅是旅游的一个重要内容，而且是旅游产业的重要环节与表现形式，通过文化创意活动对它的丰富内涵进行挖掘和表现，能够创造出许多新型旅游产品。例如，大型实景歌舞剧《印象刘三姐》的演出，在很大程度上推动了当地文化旅游产业的发展。此外，文化旅游的延展性还表现在旅游产品内涵的功能延展。例如，在游览中，如果导游适当引入精彩的历史故事，就可以很好地提升游览项目的档次，增加旅游产业的附加值，给旅游者留下深刻的印象，为旅游地区争取更多的回头客。

（七）创意性

当代文化旅游发展的一个显著特点就是运用文化符号创造出前所未有的文化吸引力。当今的文化旅游不仅与历史古迹息息相关，而更多的是通过文化创意来实现的。好的创意本身就可能成为文化旅游的吸引点。例如，迪拜与阿布扎比虽然缺少旅游资源，但它们通过全新理念设计的现代超豪华的文化广场、购物中心、清真寺等现代建筑和创意产品，吸引世界各地无数旅游者前来参观，极大地推动了阿联酋文化旅游产业的发展。此外，举办大型节事活动如博览会等，也能够间接地促进文化旅游产业的发展。

（八）民族性与国际性

文化旅游景点不仅具有民族性，是民族领先的、精华的代表，而且具有国际性和世界性，是世界一流的、高品位的民族精品。可以说，文化旅游产业所反映的文化内涵是民族性与国际性的统一。

四、文化旅游的分类

由于文化旅游的定义尚未形成统一定论，因此，学者们也对文化旅游进行了不同的分类。

（一）根据地域分类

从地域文化差异性的角度来看，马勇等学者将中国的文化旅游从地域角度分为16个文化旅游区。见表1-1。

表1-1 中国文化旅游区

名称	地域	特色载体	民风
燕赵文化	内蒙古高原与华北平原、太行山与渤海的过渡地带	京剧国粹、河北梆子、评剧	崇尚节俭
秦晋文化	黄土高原	帝王陵墓、佛教古窟、秦腔	古朴敦厚，勤俭质朴
中原文化	河南省及其附近地区	古都名城、像剧	习俗淳厚
齐鲁文化	齐鲁地区，依泰山濒大海	儒学、山东梆子	人情朴厚，其民好学
荆楚文化	长江中游、两湖地区	道学、楚剧	崇仙尚武
巴蜀文化	以四川盆地为中心，包括陕南、鄂西、云贵的部分地区	天府之国、特色方言	民力农桑，人勤稼穑
两淮文化	安徽、江苏北部淮河流域	兼齐鲁、吴越文化特色	民生淳厚，力农务本
吴越文化	长江三角洲、太湖流域和杭州湾沿岸	江南园林、越剧评弹	人性柔黛，敏于习文，疏于用武
江西文化	鄱阳湖流域	瓷器、弋阳声腔	朴实奔放
闽台文化	台湾海峡两岸	海上丝绸之路、现代都市形象	朴实热情
岭南文化	粤、桂、琼、港、澳	岭南园林、民居建筑、粤剧	开放自由

续表

名称	地域	特色载体	民风
云贵文化	青藏高原东侧，包括云南、贵州及广西的一部分	气候资源、佛掌	朴实秀丽，精美柔顺
关东文化	我国东北部，黑吉辽三省	农耕、骑射	直爽豪放，活泼风趣
草原文化	包括内蒙古与宁夏部分地区	舞蹈、歌唱	深沉粗犷，豪放开朗
西域文化	新疆及甘肃部分地区	歌剧、石窟	热情奔放
青藏文化	青海省和西藏自治区	藏传佛教、雕塑绘画	热情奔放

（二）根据文化产品形态分类

文化产品是不仅具有精神产品的性质，而且具有物质产品的特点，物质产品形式是其精神产品内容的载体，但精神产品的性质才能够决定文化产品的本质。具有民族特性和地域特色的文化产品是文化旅游生命力的保证，在发展过程中需要注重的是文化旅游形态要不断地丰富和成熟，每一个景点都要有其包含的文化内涵及其故事来吸引人。这就对文化产品形态提出了更高的要求，所以，根据其产品形态可以分为动态和静态两大类，见表1-2。

表1-2 文化旅游产品类型

吸引物状态	类型		示例
静态（部分）	文物古迹	宗教建筑、公共建筑、历史建筑、历史雕塑、宫殿城堡、园林、陵寝建筑……	浅草寺、圣约翰大教堂
	历史街区	历史街道、河滨大道……	华尔街
	艺术活动场所	艺术中心、音乐中心、剧院……	戏剧、音乐学院、百老汇
	博物馆	民间文化博物馆、艺术博物馆……	日本东京国家博物馆、广东民间工艺博物馆、芜湖徽商博物馆、纽约城市博物馆
	植物园	生态旅游	布鲁克林植物园
	动物园	保护野生动物	布朗克斯动物园
	主题公园	历史文化主题公园、考古类主题公园、建筑公园……	方将欢乐世界主题公园、亳州三国揽胜宫

续表

吸引物状态	类型		示例
动态（部分）	历史文化活动	宗教节日、民俗文化活动……	九华山庙会
	体育活动	体育博览会，运动会……	奥运会、亚运会
	传统节日/周年	独具文化特色的节日	圣诞节、感恩节、情人节
	根植于不同文化来源的文化活动	自由、多元文化的集中展示	中国新年日游行、圣帕特里克游行
	动物或植物展览	静态植物的动态展示、动物的人性化表演	威斯敏斯特狗狗秀、花茶艺展
	艺术活动	艺术展览、艺术表演、艺术节目……	安庆黄梅戏艺术节、哑剧、舞蹈

尤其是其中的动态文化旅游，是现代文化旅游的发展方向。因为文化旅游未来的发展主题就是以活动为中心的动态体验性旅游，与之相适应，旅游资源也将成为一个动态的概念。因此，本书倾向于以这种方式入手对文化旅游的分类进行论述。

（三）根据文化资源分类

文化旅游资源是文化旅游开发与经营的载体，凡是可以吸引旅游者产生旅游动机，并被利用来开展文化旅游活动的因素都是文化旅游资源，其"在资源形态上既有物化形态的实在物，也有非物化形态的模式或意境，主要体现为旅游目的地的物化景观文化、生活方式、制度和观念文化等。从自然旅游资源与人文旅游资源所包含的内容来看，无论是对其自然美景的审美欣赏，还是对其文化内涵的深入探究，都带来强烈的文化色彩，皆属于文化旅游资源"。但文化旅游资源是文化资源的重要组成部分，其更强调文化的内涵与包容。文化旅游资源也并非民俗文化旅游资源，只能说，在现阶段在市场上比较走俏且受到政策支持的文化旅游产品多与民俗文化紧密结合，这也可能会成为未来文化旅游的发展趋势。

根据不同的标准，文化旅游资源可以分为不同的类别，见表1-3。需要注意的是，文化本身就是一个不断发展和更新的过程，市场随着旅游者的动机、需求也是不断变化的,因此在文化旅游发展的高级阶段,要更加注重在文化旅游资源拓展中使用创意、设计,使得文化旅游资源真正成为"活"的资源。但在文化旅游的开发、经营与管理的过程中,切忌任意开发,必须要坚持文旅消费者支持、区位地理环境可行、自然生态和谐等各方面因素。

表 1-3 文化旅游资源分类表

大类	(代码) 主类	(代码) 亚类
山水文化旅游资源	A 地文景观文化旅游资源	AA 山崖文化;AB 奇洞怪石文化
	B 水域文化旅游资源	BA 矿水温泉文化;BB 船政文化;BC 海滨文化;BD 河流、江湖文化
社会人文旅游资源	C 历史文化旅游资源	CA 遗址;CB 博物史馆;CC 摩崖石刻;CD 名人名事;CE 书院
	D 建筑文化旅游资源	DA 名寺古塔;DB 陵园柯;KDC 古街区与古宅
	E 艺术文化旅游资源	EA 工艺美术;EB 戏曲小说;EC 影视剧
	F 饮食文化旅游资源	FA 湘菜;FB 粤菜;FC 闽菜;FD 鲁菜;FE 川菜;FF 浙菜;FG 苏菜;FH 徽菜
	G 民俗文化旅游资源	GA 节庆;GB 风俗;GC 少数民族文化
	H 宗教文化旅游资源	HA 佛教;HB 基督教;HC 伊斯兰教
	I 商贸文化簇拥资源	IA 大型商贸街区;1B 商贸活动
	J 修学文化旅游资源	JA 爱国教育基地;JB 科技园;JC 大学城;JD 区域特色文化

第二节 文化产业、旅游产业与文化旅游产业

为了更好地发展文化旅游产业,有必要认识文化产业、旅游产业与文化旅游产业的内涵,了解我国文化旅游产业的发展历程。

一、文化产业、旅游产业与文化旅游产业的内涵

(一) 文化产业的内涵

"文化产业"这一名词源自 1947 年,是德国法兰克福学派的阿多诺与霍克海默在

《启蒙辩证法》一书中提出的用以代替"大众文化"的概念。文化产业是一种特殊的文化形态与经济形态,不同国家从不同角度对文化产业有着不同的理解。联合国教科文组织将文化产业定义为:"按照工业标准,生产、再生产、储存以及分配文化产品和服务的一系列活动。"

(二)旅游产业的内涵

旅游产业定义方法和传统产业具有明显的不同。"传统产业从生产的角度出发,将生产相同产品或者提供相同服务的企业定义为一个产业;旅游产业则从消费的角度定义,即与旅游消费相关的企业属于一个产业。"因此,旅游产业是一个分散在社会经济各个层面又高度关联的特殊性行业,旅游活动是联系各相关行业的纽带和桥梁,而产业界限不清恰恰是旅游产业的特点。

1. 从基础旅游学的角度界定

(1) 旅游业的消费性定义

旅游业的消费性是从旅游者消费物质产品和服务的角度定义的。1971年联合国旅游大会最早定义"旅游业是指为满足国际国内旅游者消费,提供各种产品和服务的工商企业的总和";鲍威尔在1978年提出:"旅游业包含了产业和满足社会需要的双重责任,其生产包括满足旅游者需求和旅游经历的各种服务的要素"。勒帕尔也于1979年提出"旅游业包括一切为满足旅游者需求的各种公司、组织和旅游设施"。李天元在《旅游学概论》(第5版)中指出"旅游业就是以旅游者为对象,为其旅游活动创造便利条件并提供其所需商品和服务的综合性产业"。田里在其主编的《现代旅游学导论》中提出:"旅游业是为旅游者进行旅行游览活动提供各种产品和服务而收取费用的行业,它以旅游资源为凭借,以旅游设施为物质条件,为旅游者提供各种商业和劳务服务的一系列相关联的行业。"

（2）旅游业的功能性定义

旅游业的功能性定义是按照向旅游者提供产品和服务的程度来定义旅游业。美国旅游学家唐纳德·伦伯格在其著作《旅游业》中指出："旅游业是为国内外旅游者服务的一系列相关联的行业。旅游关联到游客、旅行方式、膳宿供应、设施和其他各种事物。它构成一个综合性的概念——随时间和环境的不断变化，一个正在形成和正在统一的概念。"

刘伟、朱玉槐认为："广义的旅游业是指以旅游资源为凭借，以旅游设施为条件，为人们的游览提供服务，从中取得经济效益的所有行业和部门，包括旅馆业、旅行社业、交通运输业、轻工业、商业、邮电通信、金融保险业和餐饮业等。"

2. 从产业经济学的角度界定

学术界对于旅游业是否真的是产业一直存在着很大的分歧和争议。国内学者在这个问题上的主流观点是认为旅游是一项产业，比较有代表性的专家观点有以下几种：

张凌云（2000）指出：从满足同一类需求方面来考察，凡是生产或提供满足旅游消费者在旅游过程中所需要的食住行游购娱等方面的产品和劳务的部门或企业的集合称为"旅游产业"。

宁泽群（2005）认为，虽然我们认为旅游应当作为产业来看待，但是旅游业的构成并不是一个单一的产品，更准确地说应该是一组产业群。

张辉（2005）对旅游产业的界定：旅游产业是以旅游活动为中心而形成的配置行业，凡是为旅游活动提供直接或者间接服务的行业和企业，都成为这个配置产业的组成部分。

旅游是一种复杂的、综合性的活动，它需要依托政策环境、交通设施、人力资源、资金投入、服务设施等众多行业的辅助和支撑。旅游业是一个综合产业，从供给和需求的角度来看，供给是由旅游吸引物、旅游活动、交通、旅游设施、服务和相关的基础设施和促销等组成的，需求是由国内旅游和国际旅游两个市场组成的。因此，旅游产业可以定位为：以旅游资源为依托，以旅游设施为条件，以旅游市场为对象，为旅游者的旅游活动创造便利条件并提供其所需商品和服务的综合性产业。

根据联合国的《国际产业划分标准》，并对从事旅游经营具体部门加以分析，旅游业主要由以旅馆为代表的住宿业部门、旅行社、交通客运部门三部门组成。属于这三个部门的企业也构成为三种类型的旅游企业。

（三）文化旅游产业的内涵

近年来，为了提升旅游产业的品质、促进旅游产业的可持续发展，以及满足人们日益增长的精神文化享受的需要，2009年出台《关于促进文化与旅游结合发展的指导意见》，进一步加快了文化与旅游的结合，形成了有效的合作机制，推动了文化旅游产业的发展。文化旅游产业也逐渐成为地方旅游业中的重要新兴力量。

需要强调的是，在国外的研究中鲜有提及"文化旅游产业"这一概念，哈立德在其工作论文中使用了该词，但并未对之做任何界定。国内学者近几年才开始使用这一名词，但学者们基本认同文化旅游产业已经存在很长一段时间。"文化旅游产业是旅游业中一个重要的组成部分，涉及对一个国家和地区从历史文化中留存下来进入旅游市场的物质和精神遗产（文物古迹、风景名胜、宗教民俗设施以及有关的风土民情、民俗礼仪等）进行开发、营销和推广。"也有学者认为，文化旅游产业是文化创意产业的一个子类，是指"依靠创意人的智慧、技能和天赋，在深度挖掘旅游文化内涵的过程中，用新的思维认识、开发和管理文化旅游产品，从而创造财富和就业潜力的产业"。其实质是以"玩"促进消费增长，以"娱乐经济""体验经济""休闲经济"形成的一种新的经济发展方式。

同时，学术界也有一些学者更认可文化创意旅游产业的存在。他们认为文化旅游创意产业是制作和营销文化旅游创意产品，直接满足旅游者消费的企业群，其主要依托本地区的文化旅游资源，通过创意而形成新的文化旅游产品，如高科技的主题公园、大型会议展览、旅游工艺品与纪念品等。

文化旅游产业不仅是旅游业的重要组成部分，同时也是文化产业的组成部分。从根本上说，文化是一切旅游活动的出发点和归宿，因此，不管是自然资源还是人文资源的开发利用，都必须要与文化相关联，这样才有可持续发展的潜力。有的自然资源具有自然和文化双重价值，如泰山、黄山都是世界自然文化双重遗产。对于自然旅游资源而言，强调"文化旅游"意味着转向现在的更注重挖掘和创造性利用资源的文化内涵以及旅游者的体验。因此，本书认为，文化旅游产业是依靠创意人的智慧、天赋和现代高科技，用新的思维方式对一个国家或区域的文化旅游资源进行认识、利用、转化、开发、经营及管理，同时对其进行文化内涵的深度挖掘和产业化开发，从而创造具有良好经济效益和社会效应的产业。

二、我国文化旅游产业发展历程

文化旅游产业在经济基础、政治环境和丰富多样的旅游资源基础上蓬勃兴起，是与整个旅游事业和旅游市场的兴起和发展紧密相关的。具体而言，我国文化旅游产业的发展经历了以下几个发展阶段。

（一）萌芽阶段（1949—1978）

20世纪50至60年代，我国国家旅游局隶属于外交部，当时开展旅游的目的主要是加强对外交往，提高我国的国际地位和政治声望。旅游接待主要以政治接待、外交接待为主，接待的对象主要是来华访问国家的大规模团体和友好人士。1978年，我国国际旅游接待人数达到了180万人，仅为世界的0.7%，居于世界第41位，旅游创汇2.6亿美元，也仅占全球的0.038%，居世界第47位。此时的旅游业仅具备产业雏形，并没有产业化经营的模式,也不重视自然景观、历史资源,但是形成了文化旅游的巨大资源优势,积蓄了我国文化旅游资源转化基础。

(二)初始阶段(1978—1987)

1978年,我国旅游业出现了重大的转折,由接待逐渐向经济产业转化,取得了一系列重大成就。根据统计,1985年我国对外开放城市已达244座,涉外饭店710个,而这一年共接待旅游者2.4亿人次。从1986年开始,我国旅游业(包括文化旅游)正式被列入国民经济计划指标。

在这一时期,我国各地政府都非常重视旅游资源的开发、人文景观的利用,充分挖掘自然和人文旅游资源,出现了森林公园、旅游风景名胜区、风景旅游城市的规划。特别是海外华人、华侨寻根旅游,珠江三角洲、闽中南地区、京津地区等成为文化旅游主要的客源市场。文化旅游逐渐走进人们的视野,但很多人仅将其当作是旅游业的一个组成部分。

(三)发展阶段(1988—2008)

1988年,北京市旅游局率先发起旅游年活动,它"标志着一个新兴的文化市场——中国文化旅游市场,随着我国的整个旅游市场跨入了世界旅游市场的行列"。1998年召开的中央经济工作会议,将旅游业作为我国国民经济新的增长点,从而极大地扶持和促进了我国旅游业的发展。

20世纪90年代,我国推出一些极具时代特色和历史文化底蕴的旅游线路,如"沿着丝绸之路的东方列车",即用毛主席乘过的专列火车重走丝绸之路,引起了很多旅游者的关注。进入21世纪以来,各地以文化旅游为内容的旅游活动悄然开展,文化与旅游结合发展的趋势渐渐明显,特别是近几年,全国许多地区着眼于自身实际,大胆探索,旅游和文化呈现出多层面、多领域相互融合的态势,文化旅游开始成为发展旅游业的核心，而不只是旅游业的一部分。

在这一时期先后涌现出大批优秀的、可持续发展的文化旅游产品。广西桂林《印象·刘三姐》把表演舞台扩大到桂林真实山水的场景中，完美地结合了桂林山水、刘三姐的美妙传说和漓江原生态的场景。常州的恐龙公园以恐龙为主题，已成为我国系列恐龙化石最为集中的专题博物馆，同时该恐龙公园集博物展示、科普教育、观赏游览、娱乐休闲及参与性表演于一体。另外，以深圳华侨城、杭州宋城集团影视基地为代表的一大批知名文化旅游企业、以云南丽江为代表的特色文化旅游创意产品，呈现出文化和旅游发展相得益彰的良好局面，取得了良好的效益。截至2008年，中国已是亚洲最大的客源输出国和世界最大的国内旅游市场。

（四）创新阶段（2009年以后）

随着文化与旅游结合发展实践的不断深入，我国也提出了包括推出"中国文化旅游主题年"系列活动在内的十大合作重点，有力地推动了文化和旅游的深度结合，标志着我国文化产业与旅游产业的融合发展已经迈向了一个新的发展阶段。文化产业与旅游产业结合而成为我国国家层面的一个重要产业，这种发展模式被视为一种顾及人文和自然景色、促进社区民主参与、照顾地方小企业者的经济收入的可持续发展模式，得到了国际旅游组织的广泛推介和各区域政府的高度认可。

现在，文化旅游产业已经进入新的创意阶段，不仅立足历史型文化旅游，在民族文化、古都文化等方面形成了特色的发展模式，如体育、会展、演出等活动与旅游业的结合，旅游开发经营方式、旅游市场主客关系及旅游消费方式都已经悄然发生变化，极大影响了旅游业的综合效益。

第三节 文化旅游产业的地位与作用

文化旅游产业的发展具有非常重要的理论和实践意义,将会在未来的旅游业发展中发挥越来越重要的作用。

一、发展文化旅游是体现旅游本质的必然要求

在现代旅游活动的各个方面无不渗透着文化因素,可以说,文化是旅游业的灵魂。文化是旅游者的出发点和归结点,是旅游景观吸引力的源泉。旅游的经营在本质上也是文化的经营,其最高层次就是文化。人们外出旅游的动机最终也是获得一种精神上的享受和心理上的满足,因而旅游活动本身就是一种文化消费行为。不管是何种形式的文化旅游资源,都必须要具有独具特色的地方文化内涵,来满足人们的各种需求。

文化旅游产品是旅游产品与中国传统文化有机结合的产物,中国从古至今,文人学士都是在旅游的过程中进行创作,留下了众多文学作品。现代人在瞻仰这些古人的作品,以及参观游览古人所游历的地方时,都会感受到浓浓的文化气息。反之,现代人所看到的景物,如亭台楼阁之类,如果除去文化所赋予它们的内涵,其本身也只是一个空壳。因此,芜湖市滨江公园在开发的时候就充分利用了当地原来的历史传统文化和西方文化,将过去一个富有开创性的教育中心、一个近代商贸的启航地、一个近代西方文化的展示区,糅入江南水乡特色,成为一个集中国历史传统文化、近代西方文化和现代创新文化于一体的特色旅游文化资源,很好地展示芜湖之魂。

旅游企业是生产文化和销售文化的企业,而旅游经营者要取得良好的经济效益,就必须提供一种能满足旅游者文化享受的旅游产品。无论是何种旅游资源都必须具有

特色的民族、地方文化内涵，吸引和激发起旅游者的旅游动机，满足旅游者对文学、艺术等多方面的不同需求。因此，旅游的文化本质特征决定了优先发展文化旅游势在必行。

二、发展文化旅游是现代旅游的发展趋势和未来的主导形式

文化旅游以丰富多彩的形式、深厚独特的内涵表现出巨大的魅力和旺盛的生命力，逐渐成为世界旅游业发展的新潮流。当前，随着旅游业的快速发展，世界各国和各地区的文化旅游产业正呈现出迅猛崛起的势头。在我国，文化旅游也以其独有的文化底蕴和特有的文化氛围而备受广大旅游者喜爱，各旅行社在编排旅游线路、组合旅游产品时，不断用多样的旅游文化项目满足不同旅游者的精神文化需求。由此可见，作为一种全新的旅游形式，文化旅游正日益成为广大旅游爱好者首选的旅游项目。文化旅游将会是旅游业未来的主导形式，也会成为未来最具吸引力的旅游产品之一。随着旅游业的不断发展，缺乏文化内涵的粗放式旅游将不能适应当今时代的发展，而文化附加值在旅游收入中所占的比重会越来越大。发展文化旅游是时代发展的必然要求。

在国内外文化旅游业蓬勃发展的大潮中，中国文化旅游一方面面临着巨大挑战，另一方面也面对着众多机遇，只有坚持不断地挖掘自身的文化内涵，提炼自我的文化符号，赋予自我的文化意义，才能在激烈的旅游市场竞争中求得生存和发展。同时，也必须清晰地认识到，文化旅游作为一个蓬勃发展的新兴旅游市场，还有很多不可预见的地方。因此，应大力发展旅游文化和开发以文化为特色的旅游景点和旅游活动内容，满足旅游者的精神文化享受。这既是与世界旅游接轨的历史必然，也是中国旅游以文化为内核的历史传承。可以说，旅游景点的历史、文化内涵，以及旅游经营管理者和文化旅游产品的文化含量是旅游业发展的生命。

同时，在开发文化旅游资源时，应坚持开发与保护并举、保护第一，遵循可持续

发展原则，使旅游业保持持久旺盛的生命力。发展文化旅游，可以增强人们对文化传承发展的责任感，以及对传统文化的珍惜和保护意识。

可以预见，随着旅游业的繁荣发展，文化旅游的地位和作用将会越来越重要，文化正成为整个旅游业的灵魂和支柱，决定着旅游业的发展方向和兴衰成败。

三、发展文化旅游能产生良好的经济效益和社会效益

近年来，随着世界经济的快速发展，人们收入水平的提高，教育的发展，人们越来越追求精神、文化享受，再加上亚洲文明、东方文明的神秘，使得世界旅游业的发展重心逐渐转向亚洲市场，旅游业在GDP所占的比重也得到了持续的提高。从旅游业发展的未来趋势判断，到2025年，预计亚洲的旅游市场国际旅游者接待量会占全球比重达30%，2030年，亚洲作为入境旅游目的地的比重将占到全球入境旅游目的地的36%以上。

文化旅游一旦项目化地成熟运转起来后，就会对经营者、旅游者，乃至对国家的发展产生重大的循环影响。杭州市上城区清河坊历史文化特色街区，正是杭州古都悠久历史文化的一个缩影，以"中华老字号第一街"为定位，在"建筑为形、文化为魂、旅游为龙头、商业为主体"的指导原则下，通过梳理城市传统空间肌理，延续了清河坊的历史文脉，恢复了早已消失殆尽的中医药文化铺等多种市井文化业态的老字号，形成了药文化、茶文化、饮食文化、古玩艺术、市井民俗、文化古迹六大特色，再现了当地的历史场景，每年有至少千万海内外旅游者前来参观游览，极大地提升了当地的形象，打造了很好的旅游品牌。

目前，世界上许多旅游业发达的国家都实行了"文化经济"新战略。韩国想要把文化旅游培育成21世纪的国家战略产业，采取了多种措施促进文化旅游业的发展。意大利全面系统地计算了文化遗产的投入和产出，得出结论：国家每年对文化性参观旅

游业征收的增值税收入是保护费用的2715倍,并能提供一定的就业岗位,带动建筑、商业和交通运输的发展,同时还能促进科学文化的发展。他们由此认为文化遗产蕴藏着巨大的经济潜能,应视为战略资源和国家基本生产结构的重要组成部分。

从近几年我国旅游业发展的现状来看,文化旅游产业的发展很好地促进了当地的经济增长、文化传承与传播、生态持续发展,取得了良好的经济效益和社会效益。特别是万达、世贸等大型企业陆续在多个城市开发文化旅游项目,更是证明了文化旅游产业是一条负重致远的发展道路。

四、发展文化旅游是保持国家旅游业自身特色和树立旅游形象的保证

中华民族上下五千年丰富的历史文化使得中国的旅游资源别具特色。要保持文化旅游资源的自身特色,就必须树立起鲜明的旅游形象。旅游业是对外交流的重要桥梁、展示形象的重要窗口。通过挖掘旅游文化内涵来吸引旅游者,必然能够很好地促进各地区之间的文化交流和发展,同时也有利于传统文化和民族文化的保护和传承。

相关旅游者心理研究表明:在当今社会以及未来时间里,旅游者对文化感受和精神层面消费的需求会越来越突出。为了迎合旅游者的这种需要,旅游目的地只有通过开发具有深厚文化底蕴的旅游新产品,才能够创造和凸显自己的特色,提升自身的高度,吸引消费者群体,从而提高旅游目的地的竞争力,使旅游业得到持续的发展。

从本质上说,各国旅游业之间的竞争是文化的竞争。只有具有民族特色的文化旅游,才能拥有持久的生命力。否则,只能是昙花一现。纵观全世界,几乎所有旅游业发达的国家或地区,都以文化旅游取胜。比如西班牙政府很早就开始关注文化旅游产品的开发,推出了多条文化旅游路线,如民间建筑之旅、葡萄酒之旅、城堡游等;法国巴黎街道的命名,几乎都蕴含着法兰西民族的历史掌故。

文化旅游通常很难模仿和复制,一旦开发出来,应当是独一无二的旅游资源,这

是由文化的地域性、垄断性、民族性、独特性、传承性等特点决定的。因此，世界各地都在积极采取多种措施大力发展文化旅游业，开创属于当地特色的品牌，树立良好的旅游形象，提高自身的竞争力。一旦旅游地区的品牌有了"名牌效应"，就会为经营者带来新的经济效用，使旅游业拥有无限的发展潜力，实现真正的可持续发展。因此，发展文化旅游是一个国家在发展现代旅游业中保持民族特色、拥有持续生命力的必然要求。

五、发展文化旅游可以弘扬传统文化，提升国民素质

旅游者通过了解旅游资源中的文化特色，能够体会到中华传统文化的强大魅力与独特内涵，从而提升自身的文化品位与文化修养。旅游者通过文化之旅可以开阔个人视野、丰富生活阅历、增长知识经验、提高自身文化素养。这些都充分体现了旅游业的文化功能，同时也能够很好地促进社会的和谐稳定发展。文化旅游的开发，必然有利于弘扬中华传统文化，突显礼仪之邦的中华形象。

同时，随着人类社会的进步、劳动生产率的提高、人们余暇时间的普遍增多、人们文化素质的提高，旅游与文化越来越紧密地结合。人们进行旅游的目的之一就是去一个新的环境，寻求新的感官刺激，这就需要营造一种特有的文化氛围，给旅游者以强烈的震撼力，留下深刻的印象。

旅游者参与旅游活动是为了满足某种需要，如有为了观赏异国他乡的风土人情、大好河山的观光旅游；有为了松弛神经、休养生息的休闲旅游；还有生态旅游、购物旅游、商务旅游、体育旅游，等等。究其实质，旅游者投身旅游活动，主要是为了提高精神生活的享受，追求精神文化的满足，可见，旅游活动主要属于精神文化活动的范畴，文化动机是旅游者最基本的旅游动机。具有较高知识水平的旅游者，大多希望在观赏之中得到客观科学的解释、展示，从而丰富个人知识，受到启发和教育。针对

这种心理需求,更加应该大力发掘具有知识性、科学性和客观现实性的历史文化、名胜古迹等文化旅游资源,能使人得到更多的教益。如果只依靠对自然景观作表面的、肤浅的解说或者对人文景观作封建迷信等庸俗低下的展示和宣传,必然不能满足现代高素质旅游者的需要。

第四节 文化旅游产业发展的背景与现状

21世纪我国旅游的方向直接指向文化旅游,文化旅游产品已经成为最具竞争力的优势产品。目前,我国文化旅游市场已经具备一定的规模,文化旅游品牌开发商持续推进、文化旅游管理和服务不断加强,各地大力开发文化旅游资源。本节将对文化旅游产业发展的背景、现状与趋势进行分析,为文化旅游产业的发展提供理论依据。

一、文化旅游产业发展的背景

从学术研究的角度来看,文化旅游产业的发展仅仅经历了不到20年的时间,但从实际的发展情况来看,文化旅游产业在我国经济发展中已经占有重要的地位,已成为经济社会发展中最具活力的新兴产业。就其迅速发展的背景来看,主要有以下几个方面。

(一)坚实的经济基础

旅游产业的兴起与人们生活水平的提高和有空闲时间密切相关,它是经济社会迅速发展的必然产物。没有经济基础作保障,旅游难以发生,也不可能出现旅游产业,更不可能出现文化产业。根据马斯洛的需求层次理论,旅游者的消费需求是建立在物质需求和精神文化追求基础之上的。坚实的经济基础是旅游产业和文化产业赖以存在的基本条件,没有了坚实的经济基础,文化旅游产业就失去了生存的沃土。按照国际经验，一个国家旅游需求急剧膨胀的基础条件是人均国民收入超过1000美元，而这也只限于观光。如果想要度假、休闲，人均国民收入则需达到2000美元。当人均收入达到3000美元的时候，度假需求会普遍产生。2020年中国GDP为101.36万亿美元，占世界第2位。国民收入的不断提高促使人们对精神文化方面的需求越来越高，人们对旅游质量及层次的要求也逐渐提高，文化旅游作为旅游的高端产品，它的出现给旅游业带来了新的生机和商机。

（二）市场需求的转型

旅游市场的需求随着经济发展水平的提高和物质生活的日渐富足逐渐发生了变化，从传统的"观光游"转向"休闲体验"游越来越多的旅游者追求旅游的文化性、体验性。旅游者的这种追求为旅游业的发展带来了良好的契机，也为文化旅游产业开拓了巨大的市场。旅游文化产品不仅能满足旅游者休闲娱乐的需求，更重要的是能带给旅游者深度的文化体验。

（三）丰厚的文化旅游资源

文化旅游产业的发展离不开丰富的文化资源。我国幅员辽阔，历史悠久，正好具备这样坚实的资源基础。既有丰富的古代人文旅游资源，如人类文化遗址、古城阙遗址、古陵墓等，又有现代人文旅游资源，如游乐园林、主题公园、康体运动设施等；既有悠久的古代历史文化遗迹，也有鲜活的现代生活场景；既有具象的历史、现代人文吸引物，又有抽象的民间风情、传说典故。我国世界级旅游资源丰厚，已有55处世界遗产（截至2020年），居世界第二位；世界地质公园41处；列入联合国"人与生物圈"保护区网络的自然保护区达26处。另外，国家级、省级、县级及地方各类文化旅游资源数量及类型均较为丰富。

（四）旅游产业转型升级

市场经济的发展、旅游者需求的转变，要求旅游业也进行相应的转型升级。其中，文化与旅游产业的深度融合已经成为旅游业转型升级的重要方向和内在动力。要想凸显旅游产业的文化性，就必须要深度挖掘旅游资源的文化内涵，加快旅游资源的转型升级，提升旅游产品的文化品位，实现旅游产品的差异化、品牌化。

（五）文化和旅游的天然耦合性

文化和旅游之所以具有天然的耦合性是因为它们同属于第三产业经济部门，在产业边界和产业属性方面具有相似性。除此之外，二者在外部环境氛围，如文化旅游需求、文化旅游产品供给、文化旅游服务供给以及旅游文化产业等的作用下，融合度不断推进和深入。这种天然的耦合性成为文化旅游产业发展的巨大推动力。

对当前的许多旅游者来讲，旅游的目的已经发生了变化，在选定一个旅游目的地的时候，尤其是历史人文类的旅游目的地的时候，可能在去之前就已经查阅了相关的资料，对历史现场提前进行了了解。对旅游目的地的区域和城市发展而言，这些景点是一个城市具有独特魅力的历史依托。鉴于此，城市对景点的历史文化发掘就不能只停留在口头上，还需要进行更深入的、更系统的文化价值发掘和整理，也只有这样，才能满足旅游者的诉求，才能吸引旅游者停留此地。此外，城市还可以增加文化产业链的环节，增加与旅游者互动的机会，积极地发掘这些旅游资源的文化价值，对这些文化价值及时进行梳理，这样一来，不仅会对当地的文化发展做出贡献，也会对当地城市的发展产生深刻的影响。

二、文化与旅游产业发展的现状

文化旅游涵盖了古迹游览、民俗体验、饮食文化旅游、休闲娱乐旅游、艺术欣赏旅游、宗教文化旅游等。因其涉及面广、关联度高、融合度深、带动性大、辐射力强，文化旅游产业逐渐成为经济社会发展中最具活力、最具发展前景的新兴特殊综合性产业。目前，我国文化旅游业在旅游业和文化产业合力发展的驱动下，呈现出良好的发展态势。

（一）文化旅游融合持续推进

文化与旅游的早期融合是由市场需求而产生的一种主动融合，是一个激发演化的过程。随着经济社会的不断发展以及文化产业和旅游产业发展思路的不断拓展，文化产业和旅游业呈现出更加显著的融合趋势。当今时代，文化与经济联系日趋密切，二者呈现出交融的状态。这主要表现在两个方面：一方面，文化在为社会经济发展提供强大精神动力的同时，其经济功能也得到了明显增强；另一方面，经济的文化含量不断提高，文化在综合国力竞争中表现出越来越重要的地位和作用，文化产业在促进经济增长和经济发展方式转变方面所做出的贡献越来越大。可以说，旅游既是文化性质的经济产业，也是经济性质的文化产业。充分发挥文化在促进社会主义经济发展中的重要作用，一个重要途径就是推动文化产业与旅游产业在融合中持续推进，即文化产业以旅游为重要载体，展示文化的内涵和魅力，实现文化的经济价值；旅游产业以文化为底蕴，促进文化资源的资本化与产业化。

目前，文化产业与旅游产业融合发展的切实可行的模式大致有以下几种：第一，文化主题公园开发模式，如湖南永州新田孝文化主题公园、天津消防主题公园、青州通天迷城主题公园、江苏常州环球动漫嬉戏谷等。第二，高科技模拟创新模式，如历史文化巨片《圆明园》，就是应用数字仿真模拟和动画合成等技术合成的。第三，文化旅游房地产模式，以文化和旅游打造旅游形象，形成品牌效益，凝聚人气，由此抬升地产市值。例如，深圳华侨城。第四，创意策划包装的艺术开发模式，如《禅宗少林·音乐大典》、张艺谋的《印象》系列等。第五，基于文化保护的文化（文物）展示模式，这主要是利用特色的历史文化遗存、民族手工艺等开展特色旅游。例如，古城、古镇、古村落等。第六，文化创意产业园开发模式，如宋庄、798艺术区等。

（二）全国性文化旅游产业集团"初露端倪"

目前，我国陆续出现了多家致力于打造具有全国影响力的文化旅游产业集团。其中，万达集团开发的长白山国际旅游度假区一期已经运营，其他项目正在建设中；灵山文化旅游集团发展战略明确提出成长为"中国著名文化旅游产业集团"的目标，并开始在山东等地进行品牌扩张；西安曲江文旅集团是中国较早开发文化旅游的集团，其项目目前仅局限在西安；华侨城集团已经在全国布局并开始运营文化旅游项目，如欢乐谷项目；宋城集团上市后，其在业界的影响力显著增强，目前在武夷山、三亚、丽江等区域进行扩张；金典集团的三亚湾红树林度假世界、亚龙湾红树林度假世界等已经开业运营。

但同时我们也应该清醒地认识到，当前我国文化旅游产业还存在一些问题，比如相关法律法规不健全、文化旅游产业的体制冲突、文化旅游资源的管理障碍等。因此，我们认为文化旅游产业的有效发展和做大做强，需要各个环节、各个部门的有机配合。

（三）文化旅游产业格局基本形成，业态不断创新

传统观光类文化旅游产业具有非常稳固的地位，主要以历史文化景点和民俗文化为依托，其形式主要包括革命圣地旅游、文物景点旅游、民俗风情旅游等。现代文化旅游产业在传统文化旅游业的基础上，依托信息技术和现代管理理念，致力于满足消费者多方位需求，同时借助于信息技术的文化旅游新业态，呈现出不断发展的态势。

具体而言，现代文化旅游产业的产品体系由以下两部分构成。

1. 文化旅游产品

文化旅游产品可以分为核心产品和外延产品，核心产品是以文化实体为基础的各

类文化主题公园、文化展示区、文化旅游景区等；外延产品则主要是为了满足消费者购买、收藏等目的而设计、开发的旅游纪念品、书刊等。

2. 文化旅游服务

文化旅游服务可以分为专业服务和公共服务，专业服务主要是那些需要专业技术支持的文化服务，如文物保护服务、文化演出服务等，公共服务主要是为大众文化旅游消费者提供的各类基础服务，如旅游交通服务、餐饮酒店服务等。

三、文化旅游产业发展的趋势

近些年，我国文化旅游产业呈现出蓬勃发展的趋势，主要呈现出以下几个趋势。

（一）创新是文化旅游产业的发展之路

创新是现代文化旅游业发展的必由之路，主要包括以下两方面的创新。

1. 管理机制创新

管理机制创新是指将优质的旅游产品与旅游服务标准化，并借助大规模复制，使消费者感受到通过管理而提升的优质服务水平。例如，携程旅游公司用制造业的标准来做服务行业，通过高科技的应用，将旅游服务转变为标准化流程管理的运作。文化产业发展规划的立足点就是以培育文化创造力为核心，这是未来文化旅游业管理的发展方向，也是现代文化旅游业一个重要标志。

2. 服务模式创新

传统文化旅游业的服务主要依赖于个人服务或管理经验，因而服务质量不稳定，难以将优质服务标准化、流程化，更无法实现标准服务形态的大规模复制。如今，许多新兴旅游服务企业正在不断创新服务模式，倡导为消费者提供便捷的标准化服务、"一站式"服务。

（二）时空扩延为现代文化旅游业延伸消费

从供给角度看，如果延长旅游者的消费时间，必将带来更大的经济效益；从消费角度看，这样也可以让旅游者尽可能地利用时间感受文化，使消费实现时间价值最大化。在当代社会，大多数人在有足够的收入并对其生活进行真正选择的情况下，希望有越来越多的时间来享受各种服务，这种消费推动着"24 小时社会"的发展。同时，在空间上，现代文化旅游活动已经突破传统文化旅游景点的局限，向同样可以满足其文化需求的酒吧、茶吧、音乐、剧院以及各种旅游信息交流中心等场所延伸，这些地方的消费主体主要是城市居民和旅游消费者。其中，旅游者是现代文化旅游产品的重要顾客群，他们的消费不仅影响着城市日常产品和服务，还直接作用于城市特色文化旅游产品的发展，同时这一消费也最大限度地促使文化旅游消费的空间扩延到城市文化娱乐消费。

（三）大众化为现代文化旅游业提供宽广市场

随着社会主义经济的发展、个人收入的提高、休闲时间的增多、教育的发展以及休闲、休假权利意识的增强，有更多的大众消费者将通过文化旅游产品满足自身的精神文化需求。我国文化产业发展规划中也强调重点激发公民文化创造力，这就需要吸引更多的一般大众积极参与文化旅游，甚至使得大众消费者成为现代文化旅游业的主要参与者。比如，旅游名店城网、凤凰网、搜狐网联合推出的国民旅游计划，旨在提高文化旅游的社会参与性，并发挥媒体、旅游协会的优势参与宣传推广。同时，现代文化旅游所倡导的大众化文化旅游，还将促使旅游行业管理部门从公共管理层面对文化旅游提供强有力的支持。

（四）技术化成为现代文化旅游业的重要支持

科技是第一生产力，技术进步一直都是推动社会发展的一个重要力量，互联网的诞生为消费者生活的各方面提供了前所未有的帮助和便利。比如，通过网络技术与传统文化旅游业的嫁接，文化旅游产业取得了突破性进展。IT技术应用主要表现为文化旅游网站、数字化管理、旅游呼叫系统，也在很大程度上推动了现代文化旅游业的发展。

另外，酒店实时预订系统、航班数据动态管理系统等各种旅游服务新技术，都将被广泛应用于文化旅游电子商务之中。"在发达国家，以网络化、数字化技术装备起来的产业以及各种以高科技为载体或包装的文化产品，不仅创造了全新的生活理念，而且也在刺激着文化需求。"总之，未来文化旅游业的发展将使得更多的信息和服务项目通过高新技术带给消费者。

（五）国际化给现代文化旅游业提供更大的舞台

经济规律表明，世界经济的产业中心将由有形的物质生产转向无形的服务性生产，在未来旅游业特别是文化旅游业将是下一个重要的经济增长点。在全球化背景下，投资文化旅游产业已成为一个地区发展的有效途径，独特的文化旅游资源是参与未来市场竞争的品牌，因而人们开始重视人工制造文化旅游资源。预计2025年，我国将成为世界最大旅游国，每年将有18亿人前来参观旅游，这意味着文化资源的大幅度升值，这也将极大地提高我国文化旅游消费的国际化程度。此外，北京奥运会和上海世博会的相继举办，更加突显了我国旅游业在国际上的重要性。同时，在全球化产业结构调整的过程中，跨国文化产业也在影响着我国文化旅游业的进一步发展，一些跨国公司把新兴的信息网络优势与旅游娱乐等专业优势结合，实现文化旅游资源的高效组合。总之，在未来世界经济的发展中，必然会崛起一批世界级的中国文化旅游服务企业。

第二章 乡村旅游新业态概述

第一节 乡村旅游业态与新业态

一、乡村旅游业态

新时期发展乡村旅游要求加强对乡村旅游业态的研究。通过对乡村旅游、乡村旅游业态等概念的界定,进而定义乡村旅游新业态概念,是乡村旅游业态研究的首要任务。

(一)乡村旅游

1. 发展乡村旅游的意义

近年来,随着人民生活水平的提高、消费支出结构的变化,一个大众旅游时代已经到来。在新的时代背景下,城市居民闲暇时间增多,以乡村生活、乡村民俗和田园风光为特色的乡村旅游迅速发展。人们在生活、工作之余开始自发由城市回归田园,寻找自己理想中的精神家园。乡村视野开阔、景色宜人、乡土醇厚,无疑成为都市居民最向往的目的地之一。在大众旅游时代,发展乡村旅游具有重大意义。

第一,发展乡村旅游是大众旅游时代发展的需要。大众旅游时代能创造消费和供给,有利于经济释放更多的活力。大众旅游时代的到来为行业带来了不少新的变化,旅游产品的个性化和多样化是未来的趋势。从旅游消费方式来看,过去大部分旅游都属于观光式旅游,以旅行社组织为主,少有文化遗产型、休闲体验型旅游。而随着旅游新业态与新产品的不断涌现,越来越多的消费者更倾向于将不同的旅游方式视为不同的生活体验。乡村旅游的本质是乡土—人性结构的回归与重建。后现代社会人们回归自然的要求使得乡村旅游成为农村经济发展的新增长点。在政策和需求的推动下,休闲农业和乡村旅游迎来巨大的市场机遇,其市场发展前景看好。

第二,发展乡村旅游是新型城镇化发展的需要。新型城镇化在为乡村旅游发展带来重大机遇的同时也带来了新的要求和挑战。大力发展乡村旅游,科学引导乡村地区城镇化,是中国新型城镇化和乡村经济社会发展的重大现实需求和重要科学命题。乡村旅游既面临环境质量下降、乡村文化受损、旅游同质竞争、整体品质不高、产业培育不足、资金人才短缺、运营模式落后、土地利用错位等现实困境,又面临新形势下需深入研究的诸多复杂性理论问题。随着城镇化的不断推进,新型城镇化的快速发展也对乡村旅游提出了更高的要求。在此背景下,乡村旅游经济模式正面临着生态化转型的巨大压力。旅游产业作为"环保产业"和"朝阳产业"发挥了其带动作用和乘数效应,为新农村建设和城镇化加速起到了积极作用。

第三,发展乡村旅游是社会主义新农村建设的需要。乡村旅游是以农业为基础,以旅游为目的,以服务为手段,以城市居民为目标,第一产业和第三产业相结合的新型产业。乡村旅游的发展可以合理开发城市边缘区景观生态资源,发展城郊生态旅游,实现城市和乡村优势互补、协调发展。乡村旅游的发展可以通过调整农业产业结构、促进农业发展、增加农民收入以及改变农村破败面貌、稳定农村社会、引进城市资金等来实现。乡村旅游的发展可以缩小城乡差别,推动我国旅游业与第三产业向深层次发展,构建和谐社会。

2. 乡村旅游的概念

1994年,《国际可持续旅游研究》发行专刊,第一次尝试构建一系列理论框架,将乡村旅游作为可持续旅游活动中的特殊旅游活动进行系统研究，这被认为是学术界有关乡村旅游学术研究的开端。经过近30年的发展，有关乡村旅游的研究也呈现出多样化的特点。

从国外对乡村旅游的定义看，欧洲联盟（EU）和世界经济合作与发展组织（OECD）于1994年将乡村旅游定义为：发生在乡村的旅游活动，建立在乡村世界的特殊面貌上，是经营规模小、空间开阔并以可持续发展为基础的旅游活动。其中"乡村性"是乡村旅游整体推销的核心和独特卖点。莱恩认为乡村旅游的概念远不仅是在乡村地区进行的旅游活动那么简单。相反，由于乡村旅游是一种复杂的、多侧面的旅游活动，不同的国家和地区乡村旅游的形式不同。有些城市的景区旅游并不仅限于城市地区，也扩展到乡村。有些在乡村的旅游却并不是乡村的，如主题公园和休闲宾馆。莱恩界定纯粹形式的乡村旅游是：第一，位于乡村地区；第二，旅游活动是乡村的，即与自然紧密相连，具有文化传统和传统活动等乡村世界的特点；第三，规模是乡村的，即无论是建筑群还是居民点都是小规模的；第四，社会结构和文化具有传统特征，变化较为缓慢，旅游活动常与当地居民家庭相联系，乡村旅游在很大程度上受当地控制；第五，由于乡村自然、经济、历史环境和区位条件复杂多样，因而乡村旅游具有不同的类型。

帕特莫尔进而指出，乡村旅游的发展并非乡村本身地点特性使然，而是与乡村文化有关。他认为乡村本身不是休闲资源，而是介于城市和荒野山地的连续体，因而城市和乡村并没有严格的区别。乡村本身并没有什么特性使乡村成为旅游资源。乡村是由于生活在这个连续体中的人们的文化特点而变得富有魅力。莫尔蒙也认为，乡村的吸引力在于它能提供都市生活所不能提供的东西。他把乡村人口分为三种类型：乡村—乡村型（rural-rural）、乡村—城市型（rural-urban）、城市—乡村型（urban-rural）。他界定的社会空间包含城市与乡村的重叠，这些社会空间有各自不同的思维方式、社会制度和行为网络。这使得当地乡村居民的概念变得更加复杂，也因此使得乡村旅游概念的界定变得更加复杂。巴斯比和伦德尔是从体验经济角度界定乡村旅游的。乡村旅游是乡村生活体验的商品化和模式化。如爱尔兰的乡村旅游商品化活动内容包括：农场活动（割草、农户烹饪、动物饲养），农场外活动（钓鱼、观鸟、观海豚、山间或森林里散步、打高尔夫球），特殊活动（参观历史遗迹、学方言或工艺制作），娱乐（传统酒馆里的音乐或舞蹈），等等。

乡村旅游定义在国内的发展与在国外的发展有着类似的进程。

国内第一种看法认为，所谓乡村旅游就是发生在乡村的旅游活动。这是目前包括世界经济合作与发展组织等国际组织在内对此最广为接受的定义。吴必虎认为，所谓乡村旅游就是发生在乡村和自然环境中的旅游活动的总和。刘德谦也认为，乡村旅游是以与乡村地域及农事相关的风土、风物、风俗、风景组合而成的乡村风情为吸引物，吸引旅游者前往休息、观光、体验及学习等的旅游活动。陈秋华等立足于乡村旅游的乡村空间环境，以乡村独特的自然风光和人文特色（生产形态、生活方式、民俗风情、乡村文化等）为对象对乡村旅游的概念进行界定。黄郁成界定的乡村旅游范围更广。他认为，乡村旅游包括以乡村事物为旅游吸引物的旅游活动，也包括以非乡村事物，比如以观光资源、温泉、宗教场所传统资源为旅游吸引物的旅游活动。张祖群指出，乡村旅游得以发展、吸引游客的主要特征被概括为"独特的生产形态、生活风情、田园风光""满足旅游者娱乐、求知和回归自然等方面需求""乡土性、知识性、娱乐性"等。乡村旅游必须立足于乡村，立足于在体现乡村与都市的差异性的基础上，坚持旅游主体和旅游客体相结合；乡村旅游不能脱离乡村生活、乡村风情的本位。

第二种看法认为，乡村旅游是一个相对的概念。杨炯蠡等提出，乡村是相对于城市的一个相对地域，乡村旅游属于复合型旅游活动。乡村旅游是指在乡村地区，以具有乡村性的乡村景观为旅游吸引物，面向多样化市场需求而开展的参与性强、文化内涵深厚、乡土风味浓郁的复合型旅游活动。由于乡村是城市的一个相对地域，是发展的、变化的，因此，乡村旅游也应随之发展和变化。张祖群进而提出，乡村旅游客体概括有"乡村社区""乡野农村""乡村地区"等，乡村从更广义的范围上来说不仅包括以农业为主要经济来源的地区，也包括市郊、建制镇等。卢小丽等进一步明确界定乡村旅游的地理区域范围，认为乡村旅游通常是在距离城市300千米的大空间范围内发生的，但居民主要的游憩地点集聚在距离城市100千米内的空间范围。

第三种看法认为，乡村旅游应当作为一种产业形式来研究。禄佳妮认为，乡村旅游定义的落脚点就应该是产业形式，而非旅游产品、旅游活动、旅游形式、旅游类型。杨胜明也认为，开展乡村旅游，应是走向产业成熟的开始，是旅游产业形成的一种标志。乡村旅游既不是卖景点卖环境，也不是卖文化卖民俗，而是要求卖劳务，即要进入产业发展的第三阶段。

综上所述，本书认为，乡村旅游的客体是"乡村社区""乡野农村""乡村地区"，还包括市郊、建制镇等地；旅游吸引物既包括乡村事物，也包括非乡村事物，比如以观光资源、温泉、宗教场所传统资源为旅游吸引物的旅游活动；乡村旅游整体产品的核心和独特卖点是乡村性与乡村文化。

（二）乡村旅游业态

1. 形态与业态概念

"形态"一词最初是生物学和语言学的专业术语。1800年左右，德国学者歌德率先提出了"形态学"的概念，用于研究植物的外形、生长与内在结构的关系。《辞海》（第6版）对形态的解释是"形态神态；词的形态变化"，《现代汉语词典》（第7版）的解释是"事物的形状或表现；生物体外部的形状；词的内部变化形式，包括构词形式和词形变化的形式"。国内学者将形态分为狭义和广义两种，狭义形态指具体的空间物质形态，广义形态除空间物质形态外，还包括非物质形态的内容。

美国人早在1939年就用"types of operation"（经营类型）表示零售业态在商业统

计中的分类。之后，美国学者还提出了相关的理论研究。但理论界公认，属于商业模式范畴的业态一词最早来源于日本，大约出现在 20 世纪 60 年代。它主要指针对某一目标市场，体现经营者意向与决策的营业形态，亦即商业经营的具体形式和经营管理模式，如商业零售业中的百货店、超级市场、大型综合超市、便利店、专卖店、购物中心等。

为介绍日本商业，我国从 20 世纪 80 年代开始引入"业态"一词，并逐渐在商业中推广应用。1998 年 6 月 5 日，国家国内贸易局颁布《零售业态分类规范意见（试行）》，表明"业态"一词得到了官方的认可。从商业经营角度上说，业态就是营业的形态，即经营者向确定的顾客群提供确定的商品和服务的具体经营形式，是零售活动的具体形式。从行业发展角度看，业态就是行业发展的形态，是事物产生、发展过程中所呈现出来的特有表现形式。依国家国内贸易局给出的概念，业态是指企业为满足不同的消费需求而形成的不同的经营形态。目前，国内学者对业态的普遍认识是，为满足不同的消费需求进行相应的要素组合而形成的不同经营形态。

2. 乡村旅游业态

随着旅游产业的深度发展和分工细化，传统的"产业""行业"概念难以描述旅游业的发展状态。故此，旅游学者将描述"商业"的"业态"一词引入旅游业。国内相关专家学者也对"旅游业态"概念进行了相关的探讨。"旅游业态"属于经济学的范畴，与"旅游行业""旅游产业"概念具有渊源关系。所谓行业是向同一市场提供产品和服务的所有厂商的总和；所谓产业是各行各业的统称，是介于微观经济细胞（企业和家庭）与宏观经济单位（国民经济）之间的若干"集合"；所谓业态是某个或多个企业的具体经营形态。业态是产业产生的基础和条件，产业的形成是以业态发展为前提的。

乡村旅游是伴随人类对城市环境不断恶化的不满，因快节奏的城市生活产生的压力需要释放，对淳朴的乡村生活、乡村景观、乡村风情的渴望与追求而形成的都市居民在闲暇之余暂时离开城市，到都市周边的乡村进行各种类型的休闲体验活动。在这种需求驱动下产生的旅游活动形式，伴随经济的发展，演化出诸多的商业形态。乡村旅游业态既包括参与乡村旅游的各类主体，如旅游者、经营者、组织者等，也包括乡村旅游发展的要素配置活动，如乡村旅游项目开发、乡村旅游线路设计、乡村旅游资源开发、乡村旅游产品开发等，包括服务于乡村旅游发展的相关组织，如政府、民间协会、研究团体、各类媒体等。同时，还包括乡村旅游发展的区域分布、发展的重点、发展的模式、组织管理模式等。

其中，乡村旅游业态的产生与各类商业性营业组织及政府、民间服务组织所提供的各种有偿和无偿的服务关系密切。正是由于各类商业性营业组织及政府、民间服务组织的协同作用，才使得乡村旅游成为乡村旅游地最主要的产业形态。如，法国的"假期绿色居所计划"与"欢迎到农场来"，奥地利的"农场假期"项目，意大利的 Toscana 乡村节庆与 Ecorset 计划，波兰的"波兰绿肺"项目，以及泰国的 Umphang 社区旅游项目等。1992 年美国正式出台了关于乡村旅游与小商业发展的国家政策，并建立非营利组织——国家乡村旅游基金（NRTF）。该组织从事项目规划、募集和发放资助、宣传等，旨在提升休闲场所的知名度，改善组织结构，缓解现有旅游场所的压力。加拿大在 1977 年成立乡村度假农庄协会（CVA），1990 年成立加拿大土著旅游协会（CNATA）。这些乡村旅游协会是乡村旅游的主要管理者。在我国台湾省，乡村旅游协会在发展乡村旅游中起着促成同一地区的乡村旅游联合，建立乡村旅游同一平台，鼓励各种"情境消费"产品的开发，保证产业有序发展的作用。

二、乡村旅游新业态

乡村旅游新业态关键要把握"新"字。并非所有乡村旅游业态都是新业态。并且，乡村旅游新业态只是一个相对概念，随着旅游经济的发展，原有的新业态也会变成旧业态。乡村旅游新业态、新模式将不断涌现。

（一）旅游新业态概念

一个产业或行业在发展中不可能一成不变，而是在实践中逐渐改进、深化、转型、升级，逐步完善。旅游业也不例外，尤其在激烈的竞争中，各地区、各企业为了提高其市场影响力和竞争力，在旅游业发展中融入新的思路或加入新的内容，创造一些不同于传统业态的业态即旅游新业态。旅游新业态是相对于旅游主体产业有新突破、新发展，或者是超越传统的单一观光模式，具有可持续成长性，并能达到一定规模，形成比较稳定发展态势的业态模式。乡村旅游新业态，是根据时代的变迁和时尚的变化，根据旅游市场的发展趋势，依托乡村旅游资源与环境，是市场力、政策力等共同创造出的能够满足乡村旅游者心理、情感、审美享受的新型旅游产品与服务形态。

旅游新业态是旅游产业发展的结果，是社会经济发展的自我完善过程。这些新的业态有时处在完全创新的状态；有时处在新旧交织的状态，即新的业态形式不断产生，但传统模式仍然存在并且有市场；有时处在新老交替的状态，即新模式产生后，传统模式比重下降，随着产业的不断发展，又有新模式产生，构成新老交替的格局。乡村旅游新业态是在原有乡村旅游基础上的创新，有旅游组织商业模式及经营形式的推陈出新和自我调节，有当地特色的自然和人文旅游资源以及特色的乡村旅游产品的开发，有新型的乡村旅游活动项目的培育，也有新型乡村旅游模式的形成，以及乡村旅游产业链的重组等。

（二）乡村旅游新业态特点

1. 乡村旅游新业态是"三生"的结合

"三生"即生产、生活、生态。"三生"的结合就是结合生产、生活和生态，使之达到发展的平衡。如民宿这种业态与农家乐的"乡土性"不同，民宿的"三生"是其"乡村性"的表现。由于民宿投资者、经营者往往具有较高的社会影响力与高学历背景，高度关注细节的创意与文化底蕴,具有强烈的人文情结,逐渐形成一种具有品牌般影响力的住宿业态。它不是简单的住宿产品,而是以个性化、高品位见长,既体现一种城市对农村返璞归真的需求,又体现对乡村进行外来文化融合改造的需求。这使得民宿的发展更注重环境的改善和经营个性的强化,其经营及管理等模式都远远超过农家乐。

可见,新型乡村旅游业态应定位于地域农业特色和地域农业文化特色,使游客不仅能够感受到纯真的乡情以及浓郁的民俗风情,而且能欣赏到新农村建设的崭新风貌。从生态性来讲,在乡村旅游开发的过程中,要采取适当的环保措施,并且在规划时进行环境审计和环境影响评价,以确定环境承载力以及旅游开发所承担的风险。

2. 乡村旅游新业态是综合性的旅游方式

乡村旅游新业态是综合性的旅游方式,是在原有乡村旅游基础上的创新。它与各种各样的旅游产品的组合方式一样,是各种要素重组后产生规模效应的乡村旅游产业新形式。乡村旅游综合体最能体现这种综合性。这一旅游综合体以乡村休闲为核心,涵盖了吃、住、行、游、购、娱、信息、金融等旅游和相关产业的几乎所有要素。也就是说,从功能上,它可以满足游客几乎所有的旅游需要;从内容上,它可以涵盖游客几乎所有的休闲消费。

在我国乡村旅游发展过程中,乡村旅游经营有各种各样的类型,包括观光采摘、休闲娱乐、康体健身、探险、度假、体验等。这些经营的组合以及组合的变化都反映了乡村旅游业态的变化。如浙江省诸暨山下湖镇解放村的米果果小镇,是由浙江米果果生态农业集团公司打造的。它名曰小镇,其实是综合性农庄,包含了餐饮、烧烤、住宿、火龙果观光工厂、农耕文化馆、九品莲花馆、西施稻田画、珍珠体验馆等。米果果最能体现综合性的旅游方式产生的新业态。农庄配套建立了农耕博物馆、火龙果文化主题馆、青少年农业科普馆、农技培训基地等,成为综合性社会活动教育基地。

农产品线上线下销售结合,在微信、淘宝等电商平台上都可以买到它生产的农产品。米果果小镇 2016 年吸引游客超过 23 万人次。

3. 乡村旅游新业态是多种资源多种功能的组合

乡村旅游新业态在原有乡村旅游的基础上,充分利用多种自然和人文资源,形成了多种功能。

多种资源意味着方方面面与自然和人文有关的乡村旅游资源,如生态资源,优美的田园、自然风光等自然旅游资源和农村深厚浓郁的民俗历史文化、古村落、乡村居民建筑等人文旅游资源。在浙江,境内外高消费客源众多。裸心谷民宿充分利用浙江德清莫干山保护区内多种自然和人文资源,发展出了高端乡村旅游产品。目前,裸心谷拥有 121 间客房,包括宽敞豪华的树顶别墅、温馨的夯土小屋,另还有树顶别墅露台理疗浴缸、无边泳池等。"裸心"品牌自 2007 年诞生以来,成为颇负盛名的民宿品牌。裸心谷是国内第一家获得绿色建筑国际奖项 LEED 最高荣誉铂金认证的高级度假村。

多种功能意味着乡村旅游新业态在原有乡村旅游的基础上不断发展、升级,旅游蕴含的内在功能更加丰富,作用也更加重要。如北京乡村充分利用各区县丰富的旅游资源和生态资源,深化旅游组织商业模式,对经营形式推陈出新,坚持"一区(县)一色""一沟(带)一品""一村一品"的特色发展道路,深度挖掘"山水休闲、疗养农园、都市农园、农家风情、红色经典、生态山吧、乡村酒店、漂流历险、民俗情缘"等特色旅游业态。这些乡村旅游新业态深化了旅游的体验性,提高了旅游的娱乐性,增强了旅游的教育性,不仅能够增加游客与自然的亲近感,还能够深化游客对生活的理解,充分地发挥旅游的经济功能、社会功能和生态功能效益。

第二节 乡村旅游的业态演进

一、国外乡村旅游业态演进

国外乡村旅游业态演进是由单一发展阶段到多样化发展阶段,最后走向专业化发展阶段的。

(一)乡村旅游业态单一发展阶段

这一阶段处于19世纪40年代到20世纪60年代之间。18世纪下半叶,西方国家只有相对少部分的人有交通工具、时间和兴趣参与旅游活动,那时的旅游缺乏舒适度与安全感,旅游者也不愿意到乡村去。到了19世纪40年代,由于工业的发展,城市人口拥挤,生活环境压抑,人们有了返璞归真的强烈愿望,同时火车已遍布欧洲和北美洲,偏僻而风景秀丽的农村成了公众的旅游目的地,构成了乡村旅游的早期形态。

乡村旅游活动作为近代旅游活动产生之后衍生出的高层次休闲活动,关于其起源的具体时间、地点说法不一。较有代表性的观点有三种:一种观点认为乡村旅游起源于19世纪下半叶的法国。1885年法国巴黎市的贵族组织到郊区的乡村度假旅游,成为乡村旅游的起源。一种观点认为起源于19世纪60年代的意大利。1865年意大利"农业与旅游全国协会"的成立,标志着乡村旅游的诞生。还有一种观点认为起源于西班牙。20世纪60年代初期,西班牙开始盛行到乡村的观光度假活动,为了满足都市居民的这一需求,西班牙率先把加泰罗尼亚乡村之中逐渐荒废的一些古代贵族城堡改造成为设施比较简单的饭店,接待乐意到乡村观光的游客,并把一些规模较大的农场和庄园也列入游览和接待的范围之内,给旅游者提供包括骑马、散步、滑翔、漂流、参加农事和农村节庆活动等在内的旅游项目,受到久居都市居民的欢迎。

初期的乡村旅游带动了乡村农户或农场主自主提供住宿、饮食等接待服务，类似的形式有 B&B、Home Stay、Country Inn 等。这个阶段的旅游具有旅游者自发参与、接待者自主接待的特点。初期的乡村旅游基本形态相同，都出租房产所有者自己家中的房屋、独立的住宿设施，或者乡间的露营地，尽管体量较小，经营模式简单，但它体现了乡村旅游服务组织发展的初始形态。

（二）乡村旅游业态多样化发展阶段

这一阶段处于 20 世纪 70 年代到 80 年代之间。休闲潮流的兴起使得乡村旅游开始在欧美发达国家迅速发展，人们开始追求身体的健康、身心的协调，人与自然、人与社会、人与自身精神和社会文化和谐统一的境界。休闲由此不再是少数人的特权，而成为社会各个阶层的一种必需品。休闲成为人的一种存在状态、一种生命状态、一种精神状态。这一时期，伴随都市居民休闲需求的不断增长，休闲的层次也不断提高，乡村旅游目的地开始从简单的住宿接待转向提供多样化的服务。

在这一需求的驱动下，大量乡村旅游服务组织开始提供与自然、生态、环保、民俗等多方面相关的乡村旅游产品。在实践中，各国乡村旅游发展的方式和历程都不尽相同。匈牙利把文化旅游和乡村旅游紧密结合，民族文化和田园风光交相辉映；西班牙则将城堡或大农场改造成乡村旅游社区，在政府的积极推动下，乡村旅游吸引了近 85% 的国内度假游客；法国利用双休日制发展"工人菜园"式农庄旅游，每年为农民带来近 700 亿法郎的收益，相当于其全国旅游业收入的 1/4；日本发起了"务农"式乡村旅游，以引起人们对农业与环保的重视；波兰通过推选生态农业专业户从事旅游经营来带动乡村旅游发展；美国为适应旺盛的旅游市场需求，大力开发乡村农场度假村，仅东部地区就有 2000 家左右观光农场。

随着乡村旅游的进一步发展，一些农户将传统的农业经营嫁接到旅游服务中，如家畜饲养变成了"休闲农场"，农业用地变成了露营地或专项休闲公园。即使是专项休闲公园,也呈现出了多样性的特点,既有动物园、花田,也有农业科教园、游戏迷宫等。这充分体现了乡村旅游业态综合性与多样性的典型特征。

(三)乡村旅游业态专业化发展阶段

这一阶段从20世纪90年代开始。在西方发达国家,随着都市居民消费水平的不断提高,对休闲旅游活动的需求也提出了更高的要求。因此,在乡村旅游业态类型呈现出多样化的同时,虽然其在规模上、在需求的类型上能满足休闲旅游者的需求,但乡村旅游的层次与品质,开始成为乡村旅游向纵深发展的障碍。于是,走专业化品质之路,便成为乡村旅游发展的必然。

以英国为例,英国1994年的《休闲咨询》报告统计表明,在1990年访问英国景点总人数3.45亿人次中,访问农村农业乡村公园的游客人数就达4800万人次,占到全国旅游景点年度访问人次的14%。1992年,英国官方统计有农场景点186个、葡萄园81个、乡村公园209个,占英国人造景点的10%左右。目前,全英近1/4的农场直接开展农业旅游。农业旅游的经营者绝大部分为农场主。每个农场景点都为游客提供参与、体验乡村生产生活的机会。农场内一般设有一个农业展览馆并配以解说词,介绍农业工作情况,备有农场特有的手工艺品,提供餐饮、住宿服务,多数景点还有儿童娱乐项目。

此阶段乡村旅游经营者明确提出了"职业化"的发展要求,一些乡村旅游经营者开始结合农业高科技来发展自己。如新加坡将高科技农业与旅游相结合,兴建了10个农业科技公园。农业科技公园配备了高科技设备,采用先进的科学管理技术,同时设备造型艺术性强,作物种植安排合理,娱乐场所布局精心细致。例如园内的养鱼池配有循环处理系统的水道设施;菜园由造型新颖的栽培池组成,里面种有各种蔬菜,由计算机控制养分;各种瓜果种在了田间林荫大道的两边。乡村旅游专业化体现的是乡村旅游发展规模、品质与档次。如澳大利亚的法思费利克斯(Vasse Felix)是玛格丽特河谷的第一个商业葡萄园。园内拥有高科技种植设备，采用先进的种植技术，同时也为游客享受上佳的葡萄酒提供了场所。在石木结构的餐厅里，游客可以俯瞰葡萄园和自然森林的全景，并享受美酒佳肴。葡萄园同时也举办艺术展览和现场音乐会。专业化发展往往建立在多样化发展阶段形成的规模基础上，是产业发展的必然。

二、我国乡村旅游业态演进

（一）农家乐兴起，乡村旅游成为一种附属业态阶段

这一阶段处于20世纪80年代初期至90年代初期。20世纪80年代中期，我国从制度上才正式启动国内旅游。20世纪80年代初期的乡村旅游需求者只是自发到乡村去，观赏农业的景观，感受农村的生活，体会农民的淳朴，感悟乡村的宁谧。从供给角度上讲，没有建立乡村旅游区，当地村民也没有把城市居民作为自己增产增收的重要经济来源，更多的是把到来的城市人，当成是自己的亲朋好友，很多情况下仅是象征性地收取一点食宿费用，更多的项目是无偿提供的，如参观、采摘、观赏等。可见，这一时期，乡村旅游伴随国内旅游的兴起是一种附属业态，并没有形成独立的旅游业态。

随着农村产业结构的调整，农业观光旅游项目的设计与开发成为农村地区发展旅游业的重要渠道，并为第一产业与第三产业的结合找到了一个重要的切入点。在大中城市近郊开展的乡村旅游活动以观光旅游和周末休闲的形式出现，主要形式为"农家乐"。1986年，浙江省富阳县（现为杭州市富阳区）率先在新沙岛、和尚庄、赤松村等地开发了"农家乐"旅游，吸引了几十个国外旅游团体和上万名国内游客。随后，"农家乐"从城市周边地带向乡村扩展。农家乐旅游受到了游客的普遍欢迎，得到市场的广泛认同。

农家乐是集游览、餐饮、娱乐、购物、休闲于一体的旅游项目。旅游活动中除必

备的餐饮、住宿、游览外，经营者还开放成熟的果园、菜园、茶园、花圃等，游客可品尝农产品（蔬菜瓜果、畜禽蛋奶、水产等），也可参与农业生产与生活活动（整地、播种、嫁接、采摘、垂钓、烧烤等），从中体验农民的生产劳动与农家生活，并获得相应的农业生产知识和乐趣。当地居民可参与导游、食宿接待等活动，提高收入；游客还可购买新鲜、绿色环保的农产品。有的旅游点（如水库、湖泊等旅游地）为游客提供垂钓服务，并可就地加工，让游客品尝到自己的劳动成果，并可起到陶冶情操、修身养性的作用；还有的旅游地为游客提供烧烤野炊场所，为游客提供特色风味的餐饮等。

（二）乡村旅游成为一种独立新业态阶段

这一阶段处于 20 世纪 90 年代到 21 世纪初。20 世纪 90 年代以来，伴随我国经济的快速发展，在扩大内需、调整产业结构的国内经济发展要求下，在政府的大力推动及市场需求的两个因素共同驱动下，乡村旅游迅速发展起来。

有专家认为，我国的乡村旅游成为独立的业态正式开始于 2006 年。是年，国家旅游局和河北省人民政府在西柏坡举办了我国旅游主题年——"2006 中国乡村游"活动。国家旅游局向各省、自治区、直辖市旅游局（委）发出通知，要求各地旅游管理部门和各类旅游企业紧密结合本地旅游业发展实际，将"旅游产业促进社会主义新农村建设"作为本地区旅游业发展的重要目标之一，进一步加强旅游宣传和农业旅游、乡村旅游产品项目的开发。"2006 乡村旅游年"以"新农村、新旅游、新体验、新风尚"作为宣传的主题口号。当时，由国家旅游局在全国倡导的创建全国农业旅游示范点已达 359 家，遍布大陆 31 个省区市，覆盖了农、林、牧、副、渔及种植业、养殖业、加工业等农业的各种业态。另外，北京成立了观光休闲农业行业协会，湖南、山西成立了休闲农业协会，浙江成立了休闲观光农业领导机构，湖北成立了乡村休闲游领导机构等。这些组织的建立，有力推动了各地乡村旅游的发展。这一阶段，各类商业性营业组织及政府、民间服务组织所提供的各种有偿和无偿的服务得以强化，乡村旅游真正独立成为一种新业态。

总体来看，此时的乡村旅游业态以发展观光业为主。业态类型包括城市周边的农家乐、民俗村、都市休闲观光农业、各类乡村旅游节事活动等。一些较为偏远的山区，依托周边的风景名胜区的自然、人文景点，凭借乡村特有的资源，开发了系列乡村旅游产品，如采摘、观赏、垂钓、骑马、劳作体验、农业科技、民俗表演等，形成了特有的"农游合一""牧游合一""渔游合一""观光农业""农家乐"等多种乡村旅游形态。靠近大中城市郊区的一些农村和农户利用当地特有农业资源环境和特色农产品，开办了以观光为主的观光休闲农业园，开展采摘、钓鱼、种菜、野餐等多种旅游活动。如北京锦绣大地农业科技观光园、上海孙桥现代农业科技观光园、广州番禺区龙化农业大观园、河北北戴河集发生态农业观光园、江苏苏州西山现代农业示范园、四川成都郫都区农家乐、福建武夷山观光茶园等。这些观光休闲农业园区吸引了大批城市居民前来观光旅游，体验农业生产和农家生活，欣赏和感悟大自然，受到游客的青睐。

（三）品牌化、制度化与业态多样化发展阶段

这一阶段是从2007年浙江德清县出现首家洋家乐开始的。随着乡村旅游发展规模的不断扩大，乡村旅游产品单一、项目雷同、缺乏特色等问题日益突出，大大制约了我国乡村旅游的可持续发展。于是，品牌化、制度化与业态多样化成为新世纪我国乡村旅游发展中的重点。浙江德清县首家洋家乐的出现是一个重要标志，它不仅意味着民宿品牌化发展时代的到来，而且民宿的集聚发展给乡村旅游带来新的视野，催生了很多新业态。

此阶段乡村旅游业态发展迅速：第一，民宿的发展。洋家乐作为一种新的旅游业态在德清莫干山脚下得到了蓬勃发展。与一般民宿不同，洋家乐的价格不菲，房间均价在1500元左右，像裸心谷的房间价位在3000元左右，而法国山居的房间均价为

4000～5000元，还要加15%的服务费。虽然价格高，但在周末或节假日往往一房难求。洋家乐这种新业态扩宽了人们民宿相关方面的视野。围绕洋家乐这种新业态，浙江湖州逐渐走出了一条由"农家乐"到"乡村游"到"乡村度假"转变的乡村旅游发展之路。

第二，健康旅游与生态旅游的发展。2008年第29届夏季奥运会在北京成功举办后，我国的乡村旅游发展水平明显提高，与奥运相关的体育健康旅游成为热点，滨海旅游、温泉旅游、文化旅游、冰雪旅游、红色旅游等快速发展。这一年的11月，国家旅游局又将2009年确定为"中国生态旅游年"。这是继1999年之后，国家旅游局第二次确定同一主题活动。同时，将2009年的主题年口号确定为"走进绿色旅游、感受生态文明"，旨在进一步加大生态旅游产品推广力度，广泛宣传环境友好型旅行旅游理念，大力倡导资源节约型旅游经营方式，切实满足不断升级的旅游消费新风尚，把我国旅游业建设成为遵循可持续发展原则的绿色产业。每年的3个黄金周，全国城市居民出游选择乡村旅游的比例约占70%，每个黄金周形成大约6000万人次的乡村旅游市场，乡村旅游已经成为旅游业新的增长点。

第三，休闲农业的发展。2010年年初，中央一号文件《中共中央、国务院关于加大统筹城乡发展力度进一步夯实农业农村发展基础的若干意见》指出，各地应因地制宜发展特色高效农业、林下种养业，挖掘农业内部就业潜力。推进乡镇农业结构调整和产业升级，扶持发展农产品加工业，积极发展休闲农业、乡村旅游、森林旅游和农村服务业，拓展农村非农就业空间。为全面落实《中共中央、国务院关于加大统筹城乡发展力度进一步夯实农业农村发展基础的若干意见》（中发〔2010〕1号）和《国务院关于加快发展旅游业的意见》（国发〔2009〕41号）文件精神，加快休闲农业和乡村旅游发展，推进农业功能拓展、农村经济结构调整、社会主义新农村建设和促进农民就业增收，2010年7月28日，农业农村部、国家旅游局颁布《关于开展全国休闲农业与乡村旅游示范县和全国休闲农业示范点创建活动的意见》（农企发〔2010〕2号），决定开展全国休闲农业与乡村旅游示范县和全国休闲农业示范点创建活动。2011年3月14日，通过基层单位申报、地方主管部门审核、专家评审和网上公示，颁发了《农业部国家旅游局关于认定全国休闲农业与乡村旅游示范县和全国休闲农业示范点的通知》（农企发〔2011〕2号），决定首批认定北京市怀柔区等32个地区为全国休闲农业与乡村旅游示范县，认定北京御林汤泉农庄等100家单位为全国休闲农业示范点。为全面贯彻落实《中共中央关于制定国民经济和社会发展第十二个五年规划的建议》和《全国农业和农村经济发展第十二个五年规划》的精神，促进休闲农业又好又快发展，2011年8月23日，农业农村部颁布了《全国休闲农业发展"十二五"规划》，使休闲农业及乡村旅游发展在推进新农村建设，统筹城乡发展，构建和谐社会的大背景下掀起又一发展高潮。

第三节 乡村旅游新业态的形成机制

一、内在驱动力：创新与供给侧结构性改革

随着旅游业从开放驱动、要素驱动向创新驱动转换，知识积累、技术进步、产业融合以及组织形态变革成为推动旅游经济增长的基本方式，创新与供给侧结构性改革成为内在驱动力。

（一）创新作为内在驱动力

不断创新是乡村旅游永葆市场活力的关键。首先，旅游不同要素创新以及组合创新。按照旅游学的一般定义，旅游业包括食、住、行、游、购、娱六大要素。旅游要素的未来发展，要体现与农业、工业、林业、文化、健康、体育等的融合，提供特色化、个性化、多元化的旅游产品与服务，满足游客深度体验需求，实际上就是旅游新业态

发展的主体内容。其次，乡村旅游产品创新，包括产品形式创新、产品类型创新、产品功能创新等。乡村旅游产品形式创新包括创新表现方式、创新体验产品等。例如对环境的艺术性装饰、装潢，运用高科技包装乡村旅游产品等，以达到在形式上给旅游者新奇体验的目的；设计旅游者参与制作工艺纪念品的活动，既给人全新的劳动体验，又避免了旅游纪念品千篇一律的状况；有饮食特色的乡村可以开展现摘、现学、现做的烹调体验项目。乡村产品类型创新即依托乡村旅游资源禀赋，根据旅游市场需求变化，有针对性地开发特色乡村旅游产品。

目前，世界发达国家的乡村旅游已经进入发展成熟阶段，积累了丰富的发展经验，走上了创新化、规模化发展道路。如法国乡村旅游正是通过创新开发出多元化的产品体系，催生了丰富的乡村旅游业态。例如休闲农场系列包括农场客栈、农产品市场、点心农场、骑马农场、教学农场、探索农场、狩猎农场、暂住农场、露营农场、家庭农场、教育农场、自然保护区、家庭农园等产品形式。住宿设施系列包括乡村别墅、乡村酒店城堡驿站、露营地、途中驿站、青年旅馆、家庭旅馆等产品形式。

一些地方的乡村旅游创新也同样影响乡村旅游业态发展。海南省琼海以田园城市建设来带动乡村旅游发展，重点打造12个风情各异的旅游小镇和3个国家农业公园，而且通过旅游慢步绿道系统将村庄、小镇、城市等串联起来，创造了一套非常好的发展模式；此外，依靠温泉鹅、嘉积鸭、万泉河鲤鱼等品牌，辅以粗粮小食等乡土特色餐饮，鼓励农民开办家庭农庄、采摘篱园、渔家乐，发展新型体验式农业庄园。正是这些创新，使得琼海形成"一镇一特色，一镇一风情，一镇一产业"等极具旅游元素特征的格局和可持续发展模式。

经过30多年的发展，中国乡村旅游虽然在规模与效益方面都取得了可喜的成绩，但是与世界乡村旅游发达国家的差距仍然很大。从国外旅游创新研究进展和我国现实出发，未来要关注如下几方面问题的研究。①微观层面：创新环境对乡村旅游创新提出哪些要求,如大数据、云计算、移动终端推动智慧旅游发展以及社交媒体、定位服务、游客赋权等趋势如何影响乡村旅游的创新过程;与国外乡村旅游相比,中国乡村旅游创新需关注哪些特殊问题。②中观层面:乡村旅游产业组织与市场结构创新,创新在乡村旅游产业内部和产业之间的扩散与协同机制,目的地创新体系等。③宏观层面:乡村旅游创新与区域旅游竞争力的关系,乡村旅游创新对旅游增长和经济增长的贡献度,区域旅游创新系统的形成,等等。乡村旅游为了更好地服务大众旅游需求和产业发展,需要加快变革,建立基于现代技术的适应大众化、散客化趋势的组织形式和管理方式,推动业态更新。

(二)供给侧结构性改革作为内在驱动力

1.旅游产业的升级

当前,我国旅游业已经进入了重大战略调整期,即旅游产业由粗放型向集约型方向转变,由注重规模扩张向扩大规模和提升效益并重转变,由注重经济功能向发挥综合功能转变。旅游产业的转型升级成为战略调整的重中之重,而旅游业态创新则是实现旅游产业转型升级的必由之路。

旅游业通过创新对各行业资源进行整合,把原来的单一业态转变重组为复合业态。如广东省梅州市平远县上举镇的相思谷旅游产业园,有机融合当地农业和旅游业的要素,充分释放农业中蕴含的巨大旅游潜力,以农业带动旅游业开发,以旅游业助推农业发展,成为第一产业和第三产业联动效应的典范。该产业园区建立"公司+农户+网站"创新开发模式,并秉承"生态文明"的理念,采取"内嵌式保护开发"创新创建模式,最终实现"复合农业立体展示"创新发展模式,推动"旅居业"融合发展。乡村旅游发展通过把低端业态转变为高端业态,进而实现产业结构的升级,完成产业生态的创新。目前众多特色各异的旅游新业态的出现,不仅是当今旅游业发展成熟的一个标志,也在广度与深度上推动了旅游业的进一步跨越式发展。

2. 投资的多元化

如今，旅游业逐步发展成为相对独立的综合性经济行业，成为我国第三产业的发展重点。旅游业迅猛发展的一个重要原因是旅游业的产业关联作用相当强，它能广泛地带动第三产业其他部门的发展，进而带动第一、第二产业的发展。目前，全国各省、自治区、直辖市相继把旅游业确立为支柱产业、先导产业或第三产业的龙头产业，出台了一系列促进旅游业发展的政策措施，尤其是旅游业投融资政策。越来越多的社会资本、海外资本投向了旅游业。

乡村旅游也不例外。浙江民间资本发达，浙江的乡村旅游发展特点之一是动员全产业、全资本、全社会的力量参与旅游业。目前浙江民宿90%以上是利用居民和农户现有的自住房屋开展经营的。与此同时，近年来，浙江民宿的发展为双创提供了舞台。不仅有本地本区域的居民加入，也有外来投资者参与、连锁品牌的输入。如丽水莲都古堰画乡通过招商引资，吸引了杭州隐居集团的项目投资，打造集酒店、度假、文化于一体的民宿综合体。浙江实践证明，不仅本地居民，外来投资者也是发展乡村旅游的主人和参与者，同时是乡村旅游的受益者。通过民宿经济发展成果为全民共享，浙江走出了众创、众筹、三产联动的道路，使得供给侧与需求侧获得双赢。

从这方面来看，乡村旅游吸纳投资的潜力巨大。对于不少地方来说，乡村旅游业态发展需要克服投资短视症。目前，有一定需求取向的新型旅游形态，没有形成一定的规模，经营主体也没有将乡村旅游项目作为旅游业中的主要经营渠道，投资者也同样没有将资金重点投在以乡村资源为核心吸引物的旅游开发项目上。

二、外部驱动力：旅游需求以及市场细分化

随着旅游业发展进入游客驱动时代，旅游需求内涵不断丰富，不同旅游目的地间的竞争已由传统的旅游企业间竞争逐渐演变为以游客的需求为中心的旅游目的地供应

链间的竞争。市场细分化不断催生出旅游新业态，反过来，不断出现的旅游新业态又进一步刺激旅游需求的产生。

（一）旅游需求作为外部驱动力

1. 旅游需求的变化

改革开放以来，我国旅游业高速发展，已经成为国民经济新的增长点。随着人民生活水平的不断提高，旅游已经成为广大人民群众日常生活的一个重要组成部分。旅游业将逐渐成为国家和各级地方政府的支柱行业、主导行业。同时，旅游消费呈现出动机更加多元化、出行方式更加多样化、出游时间更加分散化、投资主体更加多渠道化的特点。这些因素促使旅游新业态不断出现。

我国全面深化改革进程的推进，为旅游发展创造了良好环境。中国特色社会主义进入新时代，对旅游发展提出了新的要求，旅游及相关领域的改革，正在破解困扰旅游发展的一些难题。一系列新标准的出台和实施，将引导旅游新业态实现健康发展。乡村旅游蓬勃发展，旅游精准扶贫全面推进。

当前，我国正在从大众旅游初级阶段向中高级阶段演化，旅游消费结构正在由以观光为主向观光、休闲、度假并重转变。虽然观光仍然是我国旅游消费的基础性需求，但是，休闲、度假等新需求越来越多。自驾游等新的旅游方式形成一定旅游规模，在周末时间进行短途的乡村旅游成为城市居民休闲度假的常态化选项。在城市周边居民巨大的旅游需求驱动下，乡村旅游从注重经济规模向质量提升转变空间巨大，乡村旅游产品创新、公共服务体系完善等加速推进。

2. 休闲产业浪潮的兴起

当今，休闲产业浪潮席卷世界。进入21世纪以来，经济与科技的迅速发展、劳动生产率的提高给人们带来更多的闲暇时间，休闲成为产业，成为一个新的经济增长点。对于旅游业这种服务性、综合性和关联性极强的产业来说，它与休闲产业具有天然的耦合性，必将随着人们消费观念和需求结构的变化，逐渐形成经济的休闲化和休闲的经济化。而休闲度假旅游需求的快速增长，也给旅游产业发展新业态提供了新的机遇。

乡村休闲旅游的发展扩大了城市旅游空间，丰富了旅游产品，同时增加了农民收入，是改善农村经济、解决"三农"（农业、农村、农民）问题的有效途径。以美国为例，美国乡村旅游的发展融入休闲体验的理念，最著名的是根据凡·高的名画《向日葵》创作的20英亩（1英亩≈6亩≈4047平方米）的"庄稼画"。目前，美国乡村旅游已经形成农业观光、森林旅游、农场度假、民俗旅游、家庭旅馆等多样化的产品体系。主要有依托农业资源或农牧场产品开发的农产品购物、农作物采摘、农业体验、农业教育、乡村休闲等旅游项目，依托节事活动开发的南瓜节、草莓节、樱桃节、大蒜节、汉堡节等乡村节庆旅游，依托自然资源开发的汽车营地、鸟类观赏、自然探险等旅游项目，依托历史文化资源开发的废弃农庄、厂矿、采伐场、内战遗址、名人住址等乡村历史遗迹旅游项目。目前我国乡村旅游项目还是以观光为主，游客对乡村旅游的参与和体验不足。分析其原因，主要是受到我国传统旅游方式和根深蒂固的旅游理念的影响。乡村旅游开发者为迎合大众需求，难以对乡村旅游资源进行深入开发，尤其是休闲、体验式项目的主题还未得到深入开发。

（二）市场细分化作为外部驱动力

当前，旅游业市场细分化的时代已经到来，必须根据现实发展的需要，不断开辟细分市场，才能满足不同消费群体的需求。

如近年来大型企业特别是工业企业在乡村旅游地设立企业基地，村委会在此基础上发动村民在基地周边开展复合式发展模式——企业庄园。企业庄园主要针对商务客人，设立商务接待中心、拓展训练基地以及职工休养中心。商务接待中心主要用于接待企业客户和承办企业会议，发展商务旅游。拓展训练是以体能活动为引导的一种新的体验式培训，是大型企业培训改革的一个组成部分。企业成立自己的拓展训练基地，通过多种培训形式，使员工在参与中体验企业文化，增强团体意识。职工休养是企业为员工提供的奖励和福利，可以让职工在紧张的工作之余身心得到放松，同时增加彼此间的沟通和了解，有利于构建一支健康、和谐的团队。再如，随着乡村旅游的蓬勃兴起，其教育功能日益受到关注，而青少年乡村旅游市场具有很大的开发潜力。根据青少年学生不同年龄层的需求与特点开发乡村旅游产品，构建青少年乡村旅游市场开发系统，充分发挥乡村旅游的教育功能，可以产生新的乡村旅游市场与业态。

第四节 我国乡村旅游新业态形式

一、我国乡村旅游新业态形式研究综述

张祖群等、宋增文在将北京乡村旅游业态归纳为乡村酒店、国际驿站、采摘篱园、生态渔家、休闲农庄、山水人家、养生山吧、民族风苑8种新业态基础上，针对北京乡村旅游发展展开研究。宋增文总结了北京乡村旅游新业态发展机制，提出了乡村旅游发展的政策建议。他认为要把抓住乡村旅游新需求，推动乡村旅游分工细化，加速乡村旅游产业升级，促进乡村旅游与相关产业的融合作为北京乡村旅游发展的内在驱动力。

王林主要针对阳朔乡村旅游的发展展开研究。他指出，在创意旅游发展的背景下，阳朔乡村传统文化资源被旅游开发主体进行挖掘、筛选和整合，形成了文化资本。而这一重构的过程是以旅游者体验、激发创意潜能为基础的。目前阳朔借桂林国际旅游胜地建设的契机已经逐步发展成为国际知名的乡村旅游目的地。在此基础上，王林将阳朔乡村旅游新业态归纳为实景演出、文化主题公园、乡村酒店、国际驿站等。

王小梦、刘传喜等、李锦华等从各自视角针对德清洋家乐族裔经济的经济业态进

行分析。我国乡村旅游正处于飞速发展时期，但产品同质化程度高、效益低下、环境污染严重等问题也不断凸显。"洋家乐"这种业态由境外文化与中国乡村文化紧密融合而成，可以有效破解这一困局。刘传喜等对洋家乐旅游新业态展开深入探究，分析了洋家乐族裔经济的经济业态、规模和空间分布、社会网络、运作模式以及形成机理，确定了包括乡村民宿、度假村、庄园、俱乐部等多种类型的乡村旅游新业态。他们认为德清洋家乐主要分布在环莫干山地区，表现出复制性比较强和根植性比较强两种不同的社会网络特征，在运作上则形成了具有族裔特色的"生态循环"商业运行模式。王敏娴等指出，"洋家乐"为乡村旅游指出了一条品质化的创新发展道路。她们对"洋家乐"的发展轨迹、发展特点、创新意义进行深入剖析，认为乡村旅游应该从"洋家乐"的文化内涵、业态创新、经营行为、市场营销等方面汲取经验，推动其创新发展。

民宿作为乡村旅游的住宿产品，以富有地方特色和人情味为特点，同时也是新型城镇化进程中关联民生的旅游新业态，对乡村旅游转型升级发挥着重要作用。整体上我国民宿发展及研究虽还处于起步阶段，但台湾民宿经过30余年的发展，已经由"容器"上升至"磁极"，处于成熟阶段。在大陆，浙江德清县、桐庐县、安吉县等地民宿也迅速发展，取得了良好的社会经济效益。杨丽娟借鉴台湾民宿研究的内容、特征探讨，分析民宿研究与民宿发展互动的规律，进而辨清了大陆民宿研究的方向。王凤琴从民宿与农家乐的区别说起，明确了民宿的基本内涵，继而分析了苏州太湖地区民宿的发展现状，提出了苏州太湖地区发展民宿，需从规划设计、突出特色、提升服务、善于营销、政府扶持等方面打造精品民宿，迎接民宿发展的春天。

随着乡村旅游的发展，各类休闲观光农业园、生态农业园层出不穷，成为一种新业态。仇峰将乡村旅游新业态主要分为农家乐、休闲观光农业园区、乡村旅游景点三个基本类型。他主要针对休闲观光园区进行研究，认为休闲观光农业园是一种农村产业新业态和生态旅游新类型，现正处于发展初级阶段。付松把生态农业园作为乡村旅游新业态。他针对贵州凯里市"云谷田园"这个典范展开研究。云谷田园现代生态农业园坐落在凯里市"芦笙之乡"——舟溪镇新光、平中村之间，占地面积2500亩（1亩≈666.667平方米），融合台湾观光农业、乡村旅游度假、农业文化休闲等多种发展元素，属于集观光、休闲、旅游、度假、体验于一体的乡村旅游新业态。

休闲观光农业园的发展在各地衍生出不同的类似于迪士尼乐园、航空小镇、森林越野主题公园等形式。赖艺棠以重庆鑫宜居生态农业发展有限公司为特定研究对象，对其开发的鑫宜居休闲农业园展开研究。重庆鑫宜居生态农业发展有限公司成立于2008年，鑫宜居香猪基地占地2000亩，位于东温泉南川、巴南交汇处。于2009年、2012年分别荣获"重庆市农业产业化龙头企业""养猪大王"称号。2011年通过国家无公害食品认证，2012年通过国家绿色食品认证。该公司开发的鑫宜居休闲农业园，充分发挥自身优势，借助资源整合的力量，形成"休闲农业+安全产业+体育产业+旅游产业+教育产业"的跨界整合发展模式。

随着"生态农业—农村社区—乡村旅游"的复合共生，乡村旅游综合体和都市农庄获得发展，成为乡村旅游新形式。鲁芬等认为都市农庄是整合乡村旅游综合体多种类型和功能的新业态，将都市农庄作为乡村旅游新形式与乡村旅游综合体的新形式进行考察。他们认为乡村旅游综合体和都市农庄拥有共同的资源基础、产业基础、市场导向、发展理念、目标市场和高品质服务保障，但两者在核心盈利点、配套支撑点、区位选择、经营主体和利益主体方面又迥然不同。已有的乡村旅游综合体开发思路和模式给了都市农庄建设一些启示。在此基础上，他们提出了都市农庄建设的一些思路，即：与"三农"建设融合发展，以农业为基础多样化发展；与城乡建设融合发展，推动城乡一体化建设；与文化建设融合发展，推动文化创意产业发展；与产业建设融合发展，推动产业结构调整、升级，产业链延伸；与生态文明建设融合发展，走生态化道路等。顾吾浩也提出，进入21世纪以来，我国农业农村发展进入了新的历史阶段，特别是现代特色农庄和乡村旅游的兴起,为我国农业农村的发展带来了新的机遇,成为建设中国特色现代农业的新业态、新途径。

二、乡村旅游新业态形式研究

在新的历史条件下,乡村旅游面临转型升级。乡村旅游的转型主要表现在形态和模式两个方面。第一,新型的旅游形态逐渐替代传统的农业观光、民俗体验等乡村旅游内容。乡村旅游产业升级换代的新形态包括主题农园与农庄、乡村主题博物馆、乡村民俗体验与主题文化村落、乡村俱乐部、现代商务度假与企业庄园等。这些新形态都是为适应新时期多元化的旅游需求而出现的。第二,不同的旅游形态需要不同的发展模式与之对应,旅游形态的转型要求乡村旅游的发展模式也要做出相应的调整和创新,以期更有效地利用乡村条件,发挥乡村功能。中国解决乡村旅游发展问题的关键在于建立乡村旅游创新体系,从而催生乡村旅游更新更高级的业态。

从西方发展乡村旅游的情形看,如日本乡村旅游从20世纪七八十年代始,由最初的农业观光园逐渐发展为休闲农场、度假农园、农业观光公园等,从而使得日本乡村旅游进入新阶段与新境界。20世纪90年代后,日本乡村旅游业态发展出观光农园、农业公园、农家乐、教育农园等类型。观光农园主要有位于东京郊外松户、市川与多摩川沿岸的梨园,汤河原、伊东、稻取、西伊豆的蜜柑园,山梨县的葡萄园,长野县的苹果园,岩水县小井农场等。农业公园主要有江永崎农业公园、松阪农业公园、静冈县的葡萄公园等,其通过与田园景观、农业生产、农村生态环境等有机结合,开发各种不同类型的农业体验项目,为游客提供观光、品尝、体验、健身、教育、购物等多种服务。农家乐主要有北海道的农业综合休养地、冈山县的农业主题公园荷兰村、熊本县的老年农村公寓等,让游客体验乡村民俗和乡土风情。丰富的乡村旅游业态与琳琅满目的乡村旅游产品,使日本乡村旅游发展走在世界前列。

在中国，目前对乡村旅游新业态的研究比较零散，不够系统化。从乡村旅游新业态发展实践来看，北京市、四川省以及青岛市等先后制定了乡村旅游特色业态的标准及评定办法。北京市较早把乡村酒店、国际驿站、采摘篱园、生态渔家、休闲农庄、山水人家、养生山吧、民族风苑等八种新业态上升为规范化、标准化的业态。四川省则提出农家乐园、养生山庄、花果人家、生态渔庄、创意文园、民族风苑、国际驿站、休闲农庄、森林人家等九种新业态。然而全国范围内对乡村旅游新业态的界定仍比较模糊。从文献分析可以看出，休闲观光农业园、生态农业园、都市农庄、文化主题公园、民宿、乡村酒店、国际驿站等都属于新业态范畴。笔者认为，乡村旅游新业态的认定要依据乡村旅游新业态的特点，即是否属于"三生"的结合，是否属于综合性的旅游方式，是否属于多种资源、多种功能组合来进行。为此，笔者重点分析民宿、休闲农场、庄园经济、乡村露营、乡村博物馆、国家农业公园、乡村旅游综合体等乡村旅游新业态。

第三章 乡村旅游的发展模式

第一节 乡村风情型发展模式

一、发展背景

民俗风情乡村旅游具有文化的原生性、参与性、质朴性及浓郁的民俗风情的特点，独具一格的民族民俗、建筑风格、饮食习惯、服饰特色、农业景观和农事活动等，都为民俗旅游提供了很大的发展空间。我国民俗旅游开发资源基础丰富，特点鲜明，区域性和民族个性较强，发展优势明显。同时由于投资少、见效快，逐渐成为少数民族聚集区经济发展中新的增长点和旅游亮点，得到当地政府的大力支持，也受到国内外旅游者的推崇。但随着民俗旅游的蓬勃发展，使得民俗文化在旅游当中受到了冲击，甚至消亡，面对民俗文化保护和旅游开发的矛盾，面对当地居民与旅游经济的博弈，民俗依托型乡村旅游未来应该如何发展？如何实现利益共享？寻找发展平衡点对于推动我国乡村旅游发展具有积极的实践意义。

民俗风情旅游是一种高层次的文化旅游，主要包括物质风俗、社会组织风俗、节庆风俗、人生仪礼和精神文化民俗五部分，由于它满足了游客"求新、求异、求知"的心理需求，已经成为旅游行为和旅游开发的重要内容之一。乡村民俗文化旅游是以乡村民俗、乡村民族风情以及传统民族文化为主题，将乡村旅游与文化旅游紧密结合的旅游类型。它有助于深入挖掘乡村旅游产品的文化内涵,满足游客文化旅游需求,提升产品档次。如匈牙利乡村文化旅游产品使游人在田园风光中感受乡村野店、山歌牧笛、乡间野味所带来的民俗风情,欣赏充满情趣的文化艺术以及体味几千年历史淀积下来的民族文化。

目前,无论是发达国家还是发展中国家,民俗旅游均已蓬勃发展:科特迪瓦利用其独特精巧的人造面具表现其传统文化,举办全国舞蹈节发展民俗旅游;突尼斯凭借本国土著居民的村落古迹、山洞住宅、民族服饰和车马游玩等民俗文化成为非融和阿拉伯国家中的旅游大国。近几年我国的民俗文化旅游事业也取得了很大进步,以民俗文化作为旅游项目逐步树立了自己的品牌形象,各地旅游部门都在大力挖掘本地区的民俗文化资源,使之成为新的经济增长点,民俗风情游、古民居游等具有民族民间文化特色的旅游项目发展迅速,如山西黄河民俗游、昆明云南民族村、内蒙古草原风情游,新疆民俗游。

二、主要特征

(一)历史性

这是民俗发展在时间上,或特定时代里显示出的外部特征。这个特征也可以叫作时代标志的特征。因为这种特征是在民俗发展的特定历史中构成,所以叫作历史性。以发式习俗为例,全蓄发、簪发为髻置于头顶,这是明代男发式;前顶剃光,后脑梳单辫,是清代男发式;分发、背发、平头、剃光是辛亥革命后的男发式,直至今日。这便展示出几百年间发式的历史特征。同样,服饰习俗中的长衫、马褂、圆顶瓜皮小帽,正是旧中国一般商人、乡绅的男装,中华人民共和国成立后迅速淘汰了。在我国长期封建统治下,民俗的历史面貌呈现出一种相对稳定的保守状态,这是就整个封建时代的面貌而言;但是,即使是整个封建时期,由于改朝换代、民族交往、生产发展等政治、经济因素的影响,各个阶段也会显示出不同的历史特点。在我国历史上尽管封建统治制度不变,但是由于某些非前代、反前代思潮的影响,各种习俗相应地都打上新的历史印记。像唐代服饰,经过了五代,到了北宋、南宋时期,便有了较大历史变化,基本上由宽肥趋于窄瘦了。民俗考察与民俗研究不能忽视民俗的这个历史特征。

(二)地方性

地方性是民俗在空间上所显示出的特征。这种特征也可以叫作地理特征或乡土特征。因为这个特征是在民俗的地域环境中形成并显示出来的。俗语说的"十里不同风,百里不同俗",正是这种地方性特征的很好说明。民俗的地方性具有十分普遍的意义,无论哪一类民俗现象都会受到一定地域的生产、生活条件和地缘关系的制约,都不同程度地染上了地方色彩。民俗地方性特征的形成是与各地区的自然资源、生产发展及社会风尚传统的独特性有关。因此,从鸟瞰角度认识地方性,可以看到大体上各地区形成的民俗事象,分别构成各种类型的同心圆,千千万万个民俗同心圆的分布与彼此交叉联系,便形成了若干有区分的民俗地域,像我国东北地区,几千年经济文化的影响,形成了一个大的同心圆,使它与我国华北、西北、西南、华东等地区有很大民俗差异。在这个大地域中又分布着许多小地域或更小地域的民俗同心圆,互有差异,直至最小的自然村落的差异为止。这种民俗特征标志着民俗事象依附于地方乡土的黏着性。

(三)传承性

传承性是民俗发展过程中显示出的具有运动规律性的特征。这个特征对民俗事象的存在和发展来说,应当说是一个主要特征,它具有普遍性。民俗的传承性在人类文化发展过程中,呈现出一种极大的不平衡状态。在文化发展条件充分的民族、地区,这种传承性往往处于活跃状态,也就是在继承发展中显示了这种传承性;相反,在文化发展条件不充分,甚至文化发展处于停滞、落后的民族、地区,这种传承性往往也处于休眠状态，也就是以它固有的因袭保守形式显示了这种传承性。因此，城镇习俗的继承发展较为明显，偏僻村寨习俗的因循守旧异常突出。在当代民俗调查中，传统节日在城镇习俗中远不如村寨习俗更具有古朴色彩。这种不平衡状态在比较过程中，自然寻找出城市民俗与村落民俗的关系及其差异，因此，对传承性特征的认识只能在民俗的发展过程中去获得。

（四）变异性

变异性是在与传承性密切相联系、相适应的民俗发展过程中显示出的特征。它同时又与历史性、地方性特征有着千丝万缕的联系，标志着民俗事象在不同历史、不同地区的流传所出现的种种变化。换句话说，民俗的传承性，绝不可以理解为原封不动的代代照搬、各地照办、毫不走样，恰恰是随着历史的变迁、不同地区的传播，从内容到形式或多或少有些变化，有时甚至是剧烈的变化。因此，民俗的传承性与变异性是两个矛盾统一的特征，是民俗发展过程中的一对连体儿，只有传承基础上的变异和变异过程中的传承，绝没有只传承不变异或一味变革而没有传承的民俗事象。在长期的民俗学理论发展中，传承的特征被摆到主要位置是对的；但是，相对地忽视了变异的特征则是不对的。那些在民俗中访古、考古寻觅遗留物的做法是不可取的，对发展人类文化，推陈出新无大补益。只有既研究其继承，又关注其发展变化，才有助于人类社会的进步。

三、典型案例

（一）构色项目

1. 人文环境营造——丽江古城

丽江古城在旅游开发中为了保护原生态的文化氛围和商业生态，政府除了实施文化回落古城行动外，实行准入制度，把古城保护管理委员办公室核发的准营证作为进入古城从事经营活动的一个硬条件，尽量规范商业行为，淡化现代商业气息。同时，把现代特征较浓和没有特色的经营项目，如音像店、现代服装店、美容美发、卡拉OK厅、网吧等迁出，规范店铺的装潢、招牌等，控制店铺的规模和数量，鼓励经商者经营具有一定地方民族特色的商品，还对外来经商人员进行培训，让他们了解当地的民族文化。例如将没有城墙的古城、完全手工建造的土木结构房屋、周围配套小桥流水、纳西老人、原汁原味的藏寺——营造了浓郁的人文气息。

2. 演艺产品开发——《印象·丽江》

丽江最具代表性的文化演艺首推张艺谋导演的《印象·丽江》。《印象·丽江》分《古道马帮》《对酒雪山》《天上人间》《打跳组歌》《鼓舞祭天》和《祈福仪式》六大部分，整个演出以雪山为背景，以民俗文化为载体，来自纳西族、彝族、普米族、藏族、苗族等10个少数民族的500名普通的农民参与演出，通过他们生活、舞蹈等全实景式集中演绎了丽江的多元民俗文化。除了《印象·丽江》之外，丽江还充分开发本地的民俗风情，在古城东大街每天都有独特的纳西民间音乐《纳西古乐》和云南大型歌舞晚会《丽水金沙》等民俗节目演出。

3. 节庆产品开发——民俗节庆活动遍地开花

丽江是一个多民族聚居的地方，各民族有各种不同特色的民间节日，如纳西棒棒节、骡马节、三朵节、摩梭女儿国的转山节、彝族的火把节、普米族的朝山节。这些传统的节日一方面传承着丽江文化，另一方面在这些节庆中通常都有赛马、摔跤、民族舞蹈等大型活动，如纳西古乐、纳西打跳等，也使游客可以积极地参与到当地的文化中，更好地了解丽江文化。因此民俗节庆也是丽江旅游开发的一个重点，如彝族的火把节，由当地民众组成的演员与游客一起载歌载舞，极大地丰富了游客的夜间活动，吸引游客留下来。

4. 美食产品开发——民俗小吃商业街

丽江小吃品种多，有鸡豆凉粉、米灌肠、糌粑、纳西烤肉等，四方街成为游客品尝特色小吃的一个重要场所，也是丽江夜景的一部分。

5. 住宿产品开发——特色客栈展现民俗风情

丽江到处都是比较有特色的民居客栈，至少有上千家，小资的、慵懒的、地中海的、藏式的、明快的、温馨的……不同特色的客栈多为四合院，由纳西人的住屋装修而成，具有浓郁的纳西风味，成为游客体验丽江慢生活和地域文化的最佳场所，著名的如香格韵客栈、凤凰旅馆、格桑梅朵客栈、望古楼青年客栈。

6. 旅游纪念品开发——特色工艺品传承文化

丽江旅游特产主要是螺旋藻、普洱茶、山货等地方特色产品，银器、玉石、木雕、蜡染、皮毛、皮包、披肩、围巾、民族服饰等手工制品，游客不仅可以在这里选购合意的商品，有时还可以看到工艺品的整个制作过程。

7. 娱乐产品开发——"交友之都"

丽江为游客营造了一个很好的身心放松的氛围，在这里游客可以完全释放自己，没有城市的束缚和隔阂，让游客的心态都奇妙地趋于一致，这是导致丽江被誉为"交友之都"的一个重要原因。丽江的酒吧街是夜晚前江古城内最有特色的一道风景线，也是丽江古城的一张重要名片。新华街的酒吧一条街、五一街的静吧，还有游离于餐厅和酒吧之间的"餐吧"，可以满足不同风格游客的需求。

（二）经验借鉴

1. 处理好文化保护与利用的关系

丽江的经验就是建立了一个统一、有权威的组织保障机构，制定了比较完善的法规体系，较好地处理了保护与利用的关系，通过合理开发民俗文化资源发展旅游业，开辟了一条稳定、充裕的资金来源渠道，确保了各项保护项目的实施。丽江在这方面设有丽江文化保护管理局，其中专设的文化保护管理科主要负责民俗文化的保护教育培训工作。

2. 创办旅游文化学院

丽江在旅游发展中坚持以人为本，加强对旅游从业人员的教育培训力度，增强其主人翁意识和民俗文化保护意识。在这方面，丽江创办旅游文化学院的做法得到了联合国官员的肯定。

3. 旅游发展实现共赢

保护和利用民俗文化，不论是土著居民，还是经营者、管理者，都要在保护和开发中得到实际利益，实现利益均沾、风险共担。虽然这种模式还有很多不足，但这种尝试也为很多民俗文化旅游提供了一个很好的运营榜样。

第二节 农场庄园型发展模式

一、发展背景

农村庄园模式以产业化程度极高的优势农业产业为依托，通过拓展农业观光、休闲、度假和体验等功能，开发"农业+旅游"产品组合，带动农副产品加工、餐饮服务等相关产业发展，促使农业向第二、三产业延伸，实现农业与旅游业的协同发展。农村庄园模式适用于农业产业规模效益显著的地区，以特色农业的大地景观、加工工艺和产品体验作为旅游吸引物，开发观光、休闲、体验等旅游产品，带动餐饮、住宿、购物、娱乐等产业延伸，产生强大的产业经济协同效应。

庄园是欧洲中世纪中叶出现的一种以家庭为单位生产经营农业的组织形式。它和传统农业的区别是专业性强、集约化生产、大规模作业。后来逐渐发展成为一种家庭式的产业,并多与休闲旅游度假相结合。在我国改革开放之后,特别是鼓励农业开发的法律法规出台和一部分人先富起来之后,使庄园这种模式在我国开始有了生存的条件。庄园模式作为一种集约化经营管理,并且能够在短时间内聚集大量闲散资金用于农业开发的组织形式,若能规范管理和健康发展,的确能够成为一种迅速促进农业发展,同时带动旅游业、农产品加工业及其他行业发展的新的组织形式。(《庄园开发中的问题与对策》,滕传枢)在传统农业的劣势逐步凸显的当下,庄园旅游以"1+3"产业模式,很好地结合农业与旅游为未来农业发展摸索到一条新路子。就北京地区而言,就已建立了许多具有休闲"庄园"特征的休闲场所,比如意大利农庄、舞岛、鹅与鸭农庄、张裕卡斯特酒庄等都是非常典型的依托乡村性(rurality)和地格(placeality)而形成的一种都市休闲旅游产品。依托传统贵族庄园、休闲农场和葡萄酒庄,通过拓展农业观光、休闲、度假和体验等功能,开发"农业+旅游"产品组合,带动农副产品加工、餐饮服务等相关产业发展,促使农业向二、三产业延伸,实现农业与旅游业的协同发展"特色庄园模式"适用于农业产业规模效益显著的地区,以特色农业的大地景观、加工工艺和产品体验作为旅游吸引物,开发观光、休闲、体验等旅游产品,带动餐饮、住宿、购物、娱乐等产业延伸,产生强大的产业经济协同效益。

二、主要特征

(一)"农+非"的土地运作模式

农村庄园的开发,其占用的土地开发后根据功能可分为两大类,即非农业用地和农业用地。非农业用地一般为庄园的建设用地,住宿、服务等设施或是休闲活动场所用地;农业用地则为庄园的农业生产用地、农业展示用地等。农业用地则主要通过庄园投资者租赁农民的土地或是农民以土地作为资金入股的方式进行运作获得。农民和庄园投资者在协商一致的基础上签订租赁合同或股份受益凭证,将农村土地的承包权和使用权进行分离，是农村土地产权多元化的一种有效形式。非农业用地的土地来源主要为本地区一些可利用的荒山荒坡、可开发的沙荒地，以及农村居民点集聚后原自然屯的节余村庄建设用地等。庄园投资者通过租赁农村集体所有的这类土地，获得开发和经营权，农村集体则可利用这些租金进行农村公共服务设施的建设。

（二）多元化收益形式

农村庄园是劳动联合与资本联合的复合体，只要经营得当，农民和庄园投资者均可获得可观的收益，实现双赢。对于农民而言，将土地租赁给庄园投资者可以获得租金，以土地入股可以获得分红，在庄园内进行服务工作可以得到固定的工资，参与管理农业生产还可以获得管理费用以及少量的农业收益。对于庄园投资者而言，可以得到绝大部分的农业收益，以及由观光农业所带来的相关旅游收益，如旅游住宿、餐饮、娱乐活动、购物消费等。如果将土地分块转租给他人进行农业体验活动，如市民租种小块庄园农业用地，自己种植自己采摘等，还可以得到土地的租金。

（三）庄园区位选择

庄园布点应该与外部交通有较好的联系，方便游客到达，但并不一定位于交通主干道的旁边，以减少过境交通对度假休闲的干扰，通常以距离大都市车程保持在1~2小时为宜。

（四）庄园旅游设计

第一，游憩地规模大，综合服务功能强。"大农场"建立在大都市旅游圈的远郊旅游带，环境优良，乡村气息浓厚，是都市居民逃离强大都市压力生活，前往休闲度假放松心情的理想场所。第二，体现当地的文化气息。美国牧场体现"西部牛仔"的文化；英国和俄罗斯的庄园体现欧洲的庄园文化。第三，开展农业教育，建立农业解说系统。

三、典型案例

台一生态休闲农场位于我国台湾南投县埔里镇，由农民张国桢创建于 1991 年，前身为"台一种苗场"。2001 年起开始发展农业观光，2002 年兴建了亮眼雅致且温馨舒适的花卉驿栈，2003 年设计了充满浪漫与新奇感的水上花屋。2010 年 3 月兴建南芳花园宴会厅，并推出花餐养生料理。农场的园区占地 13 公顷并拥有得天独厚的山峦视野，面积达数千公顷。

（一）特色项目

1. 台一枫桦花泉卉馆

兴建于 2010 年，整体建筑设计采用环保的绿色建材，精心营造"春露""夏荷""秋枫""冬恋"等季节楼层，客房内精致花泉搭配万千风景，73 间花泉客房均有大观景窗，占约 12~20 坪空间大小的各式房型，客房内更是精心准备了环保级精油备品。

2. 花卉餐与水上花园餐厅

台一水上花园餐厅以可食用的花卉素材，做出香草餐、花卉等深具特色的美味菜肴。

3. 主题化景区

农场精心规划特色主题，如花神庙、雨林风情馆、蝶舞馆、绿雕公园、绿茵广场等。花神庙是全台唯一花神庙，仿西洋神话有主神佛劳拉及四季花仙子，典雅大方，通过"12 星座许愿孔"与游客互动。雨林风情馆利用自然材质打造出原始风貌，令人仿佛置身热带雨林中。馆内的路径用漂流木设计配置，通过闯关营造馆内探索神秘的情境。绿雕公园则种植数棵的枫树，并且利用该园区生产的花草配置平面图案，让访客有他乡遇故知的感动，另外，农场发挥创意将废铁雕塑出绿色奇迹，创造出了点石成金的风味。蝶舞馆利用多种农业废弃有机质打造，种植了多种蝴蝶所需要的食草及蜜源，游客既可以欣赏馆内及馆外数百只蝴蝶翩翩飞舞的美景，又可以亲身感受蝴蝶绚丽变身的过程。

4. 自然生态教育

台一生态教育休闲农园宗旨是以自然生态教育为主，近年来，农区内也增加了有着庞大的蝴蝶群的蝴蝶园、昆虫生态馆、水上花园餐厅、花屋、光合广场、仙人掌生态区、押花生活馆等休闲、生态区。

（二）经验借鉴

台湾的休闲农场布局合理，大多数都分布在旅游线路上，每个景区景点都能与旅游结合起来，这就有了客源的保证。板块化、区域化整合已经有了相当大的成效。例如苗栗县南庄乡休闲民宿区，拥有近 80 家乡村民俗，依托这些民宿，乡里将具有百年历史的桂花小巷开发成特色旅游街，带动了客家特色餐饮、特色风味小吃、特色手工艺品等相关行业的发展，使游客来到这里之后，在体验不同的农家风貌的同时能够全方位地感受当地特色的客家文化。宜兰县也形成了梗坊休闲农业区、北关休闲农业区等区域化的乡村旅游目的地，达到一定的产业规模，具有区域特色。事实证明，休闲农业必须有一定的规模才能形成景观效应和产业集聚效应，才能由点成线、成片，为城市旅游者提供一日、两日乃至多日的旅游产品组合，从而提高经济效益。台湾自推出精致农业策略后，其乡村发展一直以"农＋旅"的形式为主，各种农庄旅游采取差异化的战略，纷纷取得一定的市场，可为大陆乡村旅游发展所借鉴。

1. 特色产业主导，精加工，深挖掘

台湾的生态农庄，多以"小而精"取胜。他们不刻意追求农庄的面积、规模，不一定非要种植多少作物，获得多高产值，产品有多大的批量，但非常注重精细管理、精深加工，融入创意，提升品质。有的产品甚至限量供应，量少质精，坚持以质取胜，以特色取胜。例如种植茶叶的农庄，有的只采一道春茶，然后将其精心加工、制作、包装，使其成为茶叶中的"极品"。其他时间则搞好茶园管理，让茶树健康生长，养精蓄锐，确保春茶品质上乘。有的农庄利用溪流养殖虹鳟、银鳟或其他观赏鱼类，游客可以在农场购买饲料喂食、嬉戏、体验、观赏，鱼却并不对外出售。如此做法，反倒吊足了游客的胃口，吸引了众多游客慕名而来。

2. 鲜明的主题与创意

台湾休闲农庄从一开始就非常注意生态环境的保护，在建设与经营过程中，不断融入创意与主人的情感，故而台湾的农庄可以让游客强烈感受到设计者的情感与追求。在主题选择上，水果采摘，竹、香草、茶叶、各种名花异草观赏，昆虫收藏，奶羊、奶牛、螃蟹、鳄鱼、鸵鸟养殖等各种体验创新不断，使游客始终充满新奇感。比如位于桃园观音乡的"青林农场"，一年四季都栽种着向日葵，且免费开放参观，还有专门种植食虫植物的"波的农场"，种有猪笼草、捕蝇草、毛毯苔、瓶子草等。很多农庄一看名字，就知道农庄的特色，如以香草为主的"熏之园"，以奶牛为主的"飞牛牧场"，以兰花为主的"宾朗蝴蝶兰观光农园"，"花开了农场"则栽植了大量珍贵的树林与奇花异草。

3. 重视口碑与网络营销

由于规模不大，所以台湾的生态农庄，非常注重产品的"口碑"而不是"品牌"。他们认为，"口碑"比"品牌"更重要，因此他们宁可将更多的精力，放在保证产品质量上，放在让顾客满意上。为保证产品安全营养，他们严格控制化肥、农药、除草剂的使用，宁可增加投入、牺牲产量，也要保证产品质量。为了让游客品尝到口感最佳的产品，台湾很多生态农庄免费对游客开放，目的是吸引游客自己到农庄购买最新鲜、成熟度最适宜的农产品。台湾的生态农庄大多建在偏远的郊区，吸引游客自己到农庄购买产品，实现产品就地销售，不仅有利于保证产品的质量，还有一大好处就是农庄可以免掉一大笔销售费用。除了宣传手册、广告路牌、电视报纸等传统宣传手段以外，休闲农业要加强网络营销，运用科技整合资讯，通过网页、搜索引擎以及运用手机网格服务等对休闲农业区域的地图、路线等进行迅捷的引导。网络评分在台湾休闲农业中发挥着重要的作用，据台湾民宿协会的"U-FUN民宿达人网"的统计，80%的客人通过网络预订。

4. 寓教于乐，深度体验

台湾休闲农庄都设有可供多人同乐的设施，如烤肉区、采果区、游戏区，农耕体验区等。有的还设有充满台湾农村乐趣的烘烤区，提供游客享受土窑烤地瓜、烤土窑鸡的乐趣；有的不定期举办与农业有关的教育活动、趣味比赛；有的提供与场内动物接触的机会，游客可以借喂养小牛、挤牛奶、喝生奶的过程，体会牧场农家的生活。

5. 从体验到分享的理念转变

台湾休闲农业在主推"体验经济"之后，还出现了"分享经济"的理念，即休闲农业经营者与游客分享乡村生活，变"顾客是上帝"为"与客人成为志同道合的朋友"，倡导"拥有不如享有"的消费理念。

第三节 景区依托型发展模式

一、发展背景

成熟景区巨大的地核吸引力为区域旅游在资源和市场方面带来发展契机，周边的乡村地区借助这一优势，往往成为乡村旅游优先发展区。鉴于景区周边乡村发展旅游业时受景区影响较大，我们将此类旅游发展归类为景区依托型。景区周边乡村与景区本身存在着千丝万缕的联系，在文脉、地脉以及社会经济等方面具有地域一致性，为乡村旅游发展提供了文化土壤。而乡村目睹了景区开发、发展历程，易形成较强的旅游服务意识，为旅游发展提供了相对较好的民众基础。同时，发展景区依托型乡村旅游既有乡村自身经济发展的主观需要，也有景区开放化、休闲化的客观需要。近年来，我国"黄金周"的景区拥堵现象充分暴露出封闭型景区的弊端，景区与周边区域配套发展成为必然趋势。

综上所述，景区发展依托型乡村旅游发展模式是在乡村自身需求和核心景区休闲化发展需求的共同推动下，景区周边乡村探索出来的旅游发展模式。风景名胜区优美的自然景观和厚重的历史层次，携手周边恬淡的田园风情，实现了乡村和景区的携手共赢，带动了区域的大旅游发展。

二、主要特征

景区依托型乡村旅游是指在成熟景区的边缘，以景区为核心，依托景区的客源和乡村特有的旅游资源发展起来的乡村旅游活动。

（一）区位优越，共享风景

景区依托型乡村旅游由于临近成熟景区的辐射圈，在地理区位上有显著优势，为乡村旅游发展提供了地域上的可能性。成熟景区拥有相对较好的交通条件，而乡村与景区构建起交通联系后，形成了良好的旅游通达性。而且文化、环境、旅游线路等区域上的一致性，也使乡村与景区之间更容易达成一体化发展。

（二）市场优越，客流集聚

乡村的农家菜、农家院等"农家乐"设施可以承担景区的部分服务接待功能，成为景区天然的后方配套旅游服务区。依托景区的人气和客流，乡村成为天然的游客集聚地，并在发展中逐渐拥有自己市场的顾客群，为乡村旅游开发提供了市场前提。

（三）资源优越，互补发展

同区域旅游发展一个重要的内容就是"互助"和"求异"，乡村在生态风光和文化渊源上与初始景区具有一定的延续性，但是其主要方向是田园风、民俗情，又与景区的发展特色具有方向上的差异，因此其发展是对景区旅游产品功能的有机补偿，与初始景区形成差异化互补发展的格局。

三、典型案例

黄山翡翠居隶属于黄山中海假日旅行社有限公司黄山风景区分社，翡翠居地处黄山翡翠谷景区，属黄山风景区所辖范围，距离黄山南大门4千米。翡翠新村别墅于2003年新建，2004年被安徽省列为"农家乐"旅游接待示范点，是一片私营休闲生态农家乐度假村，占地面积500亩，可一次性接待游客500余人，总投资约5000万元。

（一）特色项目

这是一片别墅式生态休闲农家乐，各种名贵花木，造型各异，争奇斗艳，周边环境十分优美，梨桃掩映其中。客房按星级宾馆标准设计，温馨、浪漫、自然、舒适；餐饮以四季农家菜为主，清新可口，野趣横生。入住其间远离了城市的喧嚣烦躁，尽享鲜氧，与大自然共同呼吸，令游客仿佛置身于"桃花源"里的人家。翡翠居农家乐有各式古徽州名菜、农家菜、山珍野菜和各地游客喜爱的川菜、粤菜等，最受客人欢迎的特色农家土菜有土鸡、石耳石鸡、小河鱼、臭鳜鱼等。

（二）经验借鉴

黄山翡翠居与邻近的知名旅游景区黄山有着优越的地理优势，依托景区（点）的客源以及知名度、景观、环境，充分利用当地的休闲农业与乡村旅游资源，着眼于"游、购、娱、食、住、行"六大旅游产业要素，采取多种多样的形式，为游客提供具有价格优势、凸显当地特色的产品与服务，能够积极为游客游览所依托景区提供细致周全的服务，而且也方便游客前来入住与往返景区。

第四节 度假休闲型发展模式

一、发展背景

休闲度假的乡村旅游在中国还是个新事物，也是一种新的社会生活方式，现在很受关注。目前已经到了中国休闲度假产业发展的一个关键点，所以旅游行业也普遍关注休闲度假问题。在最近几年召开了北富"休闲度假产业论坛"、厦门"中国度假酒店论坛"、广东"中国自驾车论坛"和"产权酒店发展论坛"，这首先反映了中国的休闲度假市场达到了一个临界点，其次反映了旅游行业对这个市场有充分的认识，都在积极研究和把握机遇。

二、主要特征

（一）一地时间长

典型的是西欧、北欧的度假者，比如到泰国的普吉岛，坐着飞机直接抵达，到了那儿在海滩上待一个星期，闲到无所事事的程度，这才叫真正的休闲，是非常典型的一种休闲方式。这种休闲方式在国内还没有普遍产生，只是少数人有这样的趋向。处于过渡阶段就意味着国内的休闲在一定意义上、一定时期之内，还是要和观光结合在一起。

（二）散客和家庭式组织方式

现在休闲度假在方式上主要是散客和家庭式组织方式，而不是观光旅游的团队性组织方式，这对现有旅游企业的经营提出了更高的挑战。自驾车旅游主要就是散客方式，环城市旅游度假带接待的游客中，家庭式也占了很大的比重，尤其是在双休日期间。

(三）复游率高

复游，就是我们所说的回头客。度假旅游有一个特点，客人认准了一个度假地，甚至一个度假酒店，其忠诚度会非常高。比如有的德国客人，一生度假可能就只到印尼的巴厘岛，一辈子去二十次，不去其他地方。因为他认准了这个地方，觉得熟悉、很亲切，这样外出度假的感觉和家里生活的感觉就能够内在地联系到一起。比如墨西哥的坎昆度假区，全世界很多人每年都要去那里度假。

（四）指向集中

所谓指向集中是指客人的度假需求非常集中，不仅有对度假目的地选择的集中，还有度假需求的指向集中。但我们现在很多度假村是度假村的外壳，城市酒店的内容，也就意味着现在的所谓度假村并不了解真正的度假需求，经营和实际的指向集中于这样一个度假与需求消费特点并不完全对应。比如一般来说，度假酒店的客房里是不会铺满地毯的，铺满地毯不适应客人需求，尤其是海滨的度假酒店，客人经常赤脚走路，脚上可能带着沙子，铺满地毯怎么处理呢？

（五）度假加观光

这是市场目前的一个比较独特的特点。市场还处于过渡时期，有些时候还必须研究度假加观光的方式。一般来讲，满足大周末的需求不存在这个问题，大周末基本上是度假加娱乐。可是要满足中假和长假的需求就要有一个适当的度假加观光的模式，但是这个方式只能是过渡性的，从长远来看基本上是比较单一的度假趋向。

（六）文化需求

观光的客人成熟到一定程度会产生度假需求，度假的客人成熟到一定程度就一定会产生文化需求。他不只是到森林度假区呼吸新鲜空气，或者去温泉度假区洗个温泉，他一定要求这个度假地方文化、有主题、有比较丰富的内涵。如果度假地的经营能够达到文化的层次,那么基本上就算到位了。

三、典型案例

北京蟹岛绿色生态度假村位于北京市朝阳区金盏乡境内,紧邻首都机场高速路,距首都国际机场仅7千米,是一个集生态农业与旅游度假于一体的大型项目。总占地面积为3300亩,以餐饮、娱乐、健身为载体,以让客人享受清新自然、远离污染的高品质生活为经营宗旨,以生态农业为轴心,将种植业、养殖业、水产业、有机农业技术开发、农产品加工、销售、餐饮住宿、旅游会议等产业构建成为相互依存、相互转化、互为资源的完善的循环经济产业系统,成为一个环保、高效、和谐的经济生态园区。包括大田种植区、蔬菜种植区、苗木花卉种植区、养殖区、休闲旅游服务区等功能区。

(一)特色项目

吃:现场消费是销售绿色的关键,绿色食品重"鲜",蟹岛实现了肉现宰现吃、螃蟹现捞现煮、牛奶现挤现喝、豆腐现磨现吃、蔬菜现摘现做,提供的农家菜有菜团子、糊饼、清蒸河梨、葱烤鲫鱼,还开发了蟹岛特色菜蟹岛菜园(什锦蔬菜蘸酱)和田园风光(蔬菜拼盘)。"开饭楼"餐厅同时可容纳千人就餐,二楼雅间的名字别具一格,"柿子板""嫩黄瓜""蒿子秆"等比比皆是。海鲜、蔬菜、农家风味、盘腿炕桌,自由选择。

住:投资6000万元兴建的蟹岛仿古农庄以展现中国北方自然村落为宗旨。"整岛农庄"是复原老北京风情、展现50年前农村各阶层生活情境的四合院群落,豪华宅邸、书斋雅室、勤武会馆、茅屋草堂、酒肆作坊等,古钟亭、大戏台、拴马桩、溪水、小桥、辘轳以及房前屋后的绿树、菜园、鸡鸣狗叫。

玩:采摘、垂钓、捕蟹,温泉浴、温泉冲浪以及各种球类娱乐项目,逛动物乐园。冬天嬉雪乐园可以滑雪、夏天水上乐园可以戏水,常规娱乐、特色娱乐兼备。如果您想考验勇气、耐力和韧性,可以来攀爬横跨百米宽水面的12座铁索桥、臂力桥、软桥、独木桥、秋千桥等。

游：园内采用生态交通，可以体验羊拉车、牛拉车、马拉车、狗拉车、骑骆驼。尽可能地使用畜力交通工具，或者以步代车，不用有害于环境和干扰生物栖息的交通工具。同时对道路交通网要求生态设计，合理的道路设计及绿化屏障是生态交通的重点之一。

购：销售的都是游客自己采摘与垂钓的农产品，或者是绿色蔬菜盒，虽然价格往往是市场价的4倍以上，却很受游客青睐。

（二）经验借鉴

项目理念特色：以开发、生产、加工、销售农产品为本，以旅游度假为载体，集生态、生产、生活——"三生"理念于一体的绿色环保休闲生态度假村项目。

项目功能布局特色：实现"前店后园"的功能布局，园内塑造大面积的绿色旅游环境，提供丰富的消费产品，店是消费场所，虽然规模有限，但为园内的产品提供了客源，保证了农业旅游的互补。

项目规划设计特色：与乡村特有的自然生态风格充分相融合，还原独特的乡村风貌，让游客能够真正地脱离城市的束缚，充分投入对乡村生态、生产、生活的体验。

项目经营特色：通过"吃、住、玩、游、购"等方面全方位打造乡村体验，并通过"农""游"两条渠道实现收益的叠加与放大；"前店"以专业人士和专业公司进行运营，保证运营的专业性以及收益，而"后园"则以承包责任制分配到个人，充分调动其生产积极性，并能使其充分参与到项目整体中，增加其收入。

第五节　特色产业带动发展模式

一、发展背景

近年来,随着人们生活水平的不断提高,旅游休闲成为人们消费的热点。"农家乐"也随旅游业兴起而呈现,它是以农民利用自家院落以及依傍的田园风光、自然景点,以绿色、环保、低廉的价格吸引市民前来吃、住、游、玩、购的旅游形式。它既是民俗旅游又是生态旅游,是农村经济与旅游经济的结合。生活在现代都市的人们最关心的是生态、环保、健康,在工作之余都会选择离开喧闹的市区到郊区,回归自然,体验一种淳朴、天然的生活情趣,这就决定了"农家乐"旅游不仅是都市人追逐的一种时尚,也是一种朝阳产业。目前,人们对精神文化生活需求的范围进一步拓展,层次进一步提升,内容进一步凸显多样性、人性化、个性化特征。现代旅游业作为一种文化生活得到快速发展,并被赋予了"文化经历、文化体验、文化传播、文化欣赏"等更为丰富的内涵,满足人们心理和精神以及多方面发展自我的需求。在这样的大背景下,以"吃农家饭、住农家屋、干农家活、享农家乐"为特色的"农家乐"旅游得到了市场的广泛认同,引起了社会各界的极大重视和关注。成都市郫都区作为"农家乐乡村旅游"的发源地,不仅为游客提供了一种新型的休闲方式和消费空间,而且还作为一个特色产业让当地的农民走上了致富的道路。

二、主要特征

突出"农"为基本的经营理念,包括农业、农民、农村,其中农民是经营的主体,农家活动是主要内容,乡村是大环境。只有充分利用"三农"资源,发展以"农"字为核心的农家乐,才能使其具有"农"味的乡村旅游。

依托"家"为基本的经营单元,农家乐一般应以家庭为单位,利用自家的房屋、土地、产品、人员发展农家旅游。所以,农家乐应体现"家"的形态,家的融合,家的温馨,家的氛围。

提供"乐"为经营的根本目的,农家乐应为游客提供"乐"的产品,它不仅包括打牌、卡拉OK、唱歌等,还应包括采摘、垂钓、参与农事和节庆活动,还包括农耕文化、民俗风情的展示和欣赏,让游客乐在其中。

迎合大众的心理为经营目标,随着工业的大规模发展,城市雾霾严重,空气质量差,在紧张的工作之余,人们渴望乡村大自然的清新空气,而农家乐可以提供在城市里享受不到的惬意与放松,不需要背起行囊出远门,说走就能走,轻松易实现。

三、典型案例

成都市近郊的郫都区是中国"农家乐"乡村旅游发展的典范,通过旅游兴村,走出了一条一、三产业有机结合,自主经营与本地务工相互补充,依靠发展特色产业推动乡村全面建设的新路。郫都区农科村位于成都平原腹地,全村辖区面积2.6平方千米,辖11个社,686户,2310人,现有耕地2400余亩,人均耕地1.02亩。农科村最初是一个从事花卉养殖的村庄,1979年当时的村支部书记税国扬带头在自家的田坎上种植花木,每棵花木卖到4元钱,比种植粮食利润高很多,随后村里人纷纷效仿,几乎每家都种花木,1986年,全村人均收入达950元,这在当时成为农民致富的榜样,吸引附近及全国各地人士参观考察,刚开始都是免费招待,后来随着人数的增多,农民市场意识的觉醒,开始收少量伙食费,农家乐的雏形也就形成了。20世纪80年代农科村的农家乐旅游是一种自发状态。进入20世纪90年代以后,农科村农家乐旅游是政府主导下的自觉发展,随着人们生活水平的提高,消费追求逐渐由物质层面向精神层面提升，旅游成为人们精神消费的首选，面对市场的巨大需求，省市旅游部门和各级政府充分发挥主导作用，积极引导农科村的花卉种植业大户率先接待游客，带动其他种植户开展旅游接待，由点到面，全面开展农家旅游接待，使农科村成了一个农家乐旅游专业村。2000年以后，为实现农家乐旅游突破式发展，壮大乡村集体经济，扩大产业规模，实现产业转型和升级，在县、镇政府统一规划指导下，农科村形成县和镇的新村建设合力。一方面，县镇投入一定资金，用于改善农科村基础设施建设，完善旅游功能；另一方面，成立县旅游局，加强对乡村旅游产业发展的宏观指导。农科村在多方建设下，从一个默默无闻的小乡村成为中国乡村旅游的典范。

（一）特色项目

1. 天府玫瑰谷

天府玫瑰谷占地1000亩，属于成都现代农业创业园一期项目。园区内种植了玫瑰、薰衣草、迷迭香、千层金等千种花卉苗木，组成了以"现代农业观光、玫瑰花海休闲、浪漫文化度假、风情小镇体验"为代表的四大旅游休闲产业。

2. 郫都区农科村

农科村是中国农家乐的发源地。这边当然有其突出之处，首先郫都区自古就以园艺技术闻名，而农科村为鲜花盛开的村庄，宛如没有围墙的公园。成都市郫都区友爱镇农科村地处"天府之国"的腹心地带，位于西汉大儒扬雄故里郫都区友爱镇，是郫都区"国家级生态示范区"和"中国盆景之乡"的核心地带，曾先后获得"省级卫生村""省级文明单位""省级移动电话第一村""全国精神文明创建工作先进单位""全国农业旅游示范点""全国文明村镇"等省部级、国家级称号。2006年4月，农科村获得"中国农家乐旅游发源地"称号。2012年9月，农科村通过国家旅游局4A级景区验收，为郫都区旅游业增添了一张新名片。

3. 妈妈农庄

妈妈农庄是郫都区第一个创4A级景区,被称为成都的"普罗旺斯",是四川第一家规模化薰衣草基地,目前有薰衣草花田300亩,一期薰衣草等花卉基地600余亩,二期2000余亩,极具特色,填补了四川花卉生态旅游空白,是郫都区乡村生态旅游的新品牌。

4. 郫都区花样食府

花样食府是一家集餐饮、娱乐、休闲为一体的特色休闲食府,主营特色火锅鱼、特色中餐,承接各种宴席,坐落于四川省成都市郫都区南门外观柏路78路。郫都区花样食府承接生日宴、结婚宴、亲朋宴请等各种宴席,配有特色火锅鱼、特色干锅、特色菜品等。食府内设施配套齐全,设有休闲茶座、超大停车场、无线 Wi-Fi 等设施,为游客出行提供"美食驿站式服务"。

(二)经验借鉴

1. 坚定方向,打响"农家乐"乡村旅游品牌

郫都区要爱护这个品牌,丰富这个品牌,发展这个品牌。坚定"农家乐"这个品牌意识,不能因为当前一些农家乐发展中存在这样和那样的问题,而动摇"农家乐"这个乡村旅游的品牌和发展方向。

2. 积极引导统筹规划,使其走上规范经营、有序发展的道路

政府应帮助制定"农家乐"发展规划,积极引导,政策支持,改变农户分散经营、单打独斗的状态,而应在农家的基础上,实行统一领导,联合经营,设计适合游客需要的旅游产品,完善农家基础设施,改善乡村生态环境,制定规范管理和发展措施,为发展农家乐提供科学依据。

3. 做好培训,加强经营管理

农家乐作为一项新兴产业,主体是农民,必须提高农民的业务素质,加强对他们

的业务经营培训，让他们学习一些基本的旅游服务和管理知识，提高他们从事农家乐的管理水平和服务质量。同时抓好管理，制定农家乐旅游的地方行业标准；对符合行业标准的农家乐办理相关证照，合法经营；制定农家乐质量评定标准，按照标准进行质量评定，规范市场秩序。

4. 注重宣传，扩大影响

一是建立农家乐网站，在网上促销；二是利用电视、报纸等新闻媒体促销；三是制作宣传标语牌、办宣传栏等方式宣传促销；四是举办农家乐主题论坛；五是借助名人效应开展促销；六是可以采取多种优惠措施吸引广大青少年，可以开辟成为青少年农村社会实践基地。

第四章 乡村旅游文化产品创新

第一节 乡村旅游文化产品概述

乡村旅游是在农业观光基础上发展起来的一种具有休闲度假性质的旅游方式，因此乡村旅游产品具有明显的复合型特征。乡村旅游产品的开发要充分遵循自然环境的客观规律，尊重当地的社会文化，尽可能地保证当地自然环境与社会人文环境的乡村性，这是进行乡村旅游产品创新的基本原则。

一、乡村旅游产品的内涵

从旅游者的角度来看，旅游产品指的就是旅游者为了获得物质或者精神的满足，花费一定的货币、时间和精力所获得的一次旅游活动，从旅游地的角度来看，旅游产品指的就是旅游地为了满足旅游者的物质和精神需求，所提供的一系列服务综合。所以，乡村旅游产品的定义如下：在旅游需求一方看来，乡村旅游产品乃是旅游者为了获得物质和精神上的满足通过花费一定的货币、时间和精力所获得的一次乡村性旅游经历。

简单地说，凡是带有乡村性特征，能够为旅游者提供乡村生活体验的产品都可以称为旅游产品。目前人类已经过渡到了体验经济时代，体验经济是继农业经济、工业经济、服务经济之后的人类第四种经济形态。在体验经济时代，企业提供给顾客的是最终的体验，顾客留下的是一段难以忘却的记忆；消费者获得的是一种身体和心理上的体验，并需为这种体验付费。在旅游业中，旅游体验更是表现得淋漓尽致，旅游产品作为一种高级的、享受型的、体验型的产品形式，更是从各个方面来满足游客的精神和心理需求，使游客产生美好的体验和记忆。乡村旅游产品则是人们所追求的一种更具深刻体验魅力的旅游产品。

二、乡村旅游产品的特点

（一）产品的参与性

在体验经济时代，参与性是体验经济的首要特征，没有参与性的乡村旅游产品只能满足旅游者感官上的需求，但是却很难引起游客在情感上的共鸣。因此，产品的参与性成为乡村旅游产品的一大特点，即为游客提供参与到乡村衣、食、住、行等活动的机会是乡村旅游产品规划的首要考虑因素。

（二）产品的差异性

产品的差异性指的就是乡村旅游产品的主观性和个体性。每一个旅游者的家庭背景、生活环境、知识文化程度、个人兴趣爱好等都存在很大的差异，因此旅游者对乡村旅游产品的体验性也存在很大的差别，这就要求在对乡村旅游产品进行规划时必须重视乡村旅游产品的差异性，这种差异性可以通过产品的质量、形式、包装等体现出来，以更好地满足不同游客的需求。

（三）产品的时尚性

从本质上来说，乡村旅游产品其实就是乡村社会文化和当地居民生活价值取向的一个载体，但是在规划乡村旅游产品时也不能简单地从乡村居民的角度出发，原因就在于旅游者是乡村旅游产品的主要消费者，而绝大部分旅游者对于时尚的追求是一种本性，因此在规划乡村旅游产品时要重视将乡村性与时尚性结合起来。

(四)产品的原生性

乡村旅游之所以能够吸引越来越多的城市居民,根本原因就在于乡村生活的特殊性。由此我们可以看出在乡村旅游中对游客产生吸引力的是原汁原味的乡村生活,而不是利用现代科技来模仿乡村文化。因此,在对乡村旅游产品进行规划时必须要重视产品的天然性和原生态性。

(五)产品的乡村性

乡村旅游产品的乡村性是界定乡村旅游的核心内容,是乡村旅游独特的卖点,是乡村旅游区别于城市旅游的根本特征,乡村旅游产品正是以这种淳朴而浓郁的乡土气息来吸引游客的。乡村性主要表现在资源具有明显的乡土性和旅游活动具有浓郁的乡情性。比如古色古香的乡土民居、如诗如画的田园风光、原始古朴的劳作形式,这些都散发出浓郁的乡土气息与农家朋友漫步于田间小道,或与他们一起种植、采摘、载歌载舞,这些活动都蕴含着浓浓的乡情。

(六)产品的教育冶情性

乡村纯朴的传统美德及生产生活具有天然的教育和冶情功能,乡村旅游产品能够给旅游者带来快乐、轻松、兴奋、愉悦和幸福的各种心理感受,能够启迪人的心灵,陶冶审美情趣,提高文化素养,领悟人与自然"天人合一"的和谐。比如在与民同耕的参与性产品中可以体验到乡民"锄禾日当午,汗滴禾下土"的艰辛和生命的厚重韵味,同时增强旅游者对人类生产劳动的体认,对现代生活的重新认知。

(七)产品的脆弱性

乡村旅游产品的脆弱性主要表现在乡村旅游产品是基于乡村的生态环境设计出的,而乡村的生态环境本身属于一种半人工半自然生态,这种特殊的生态环境很容易受到游客的破坏,而伴随着乡村生态环境破坏而来的是乡村旅游产品的破坏。

三、乡村旅游产品的类型

（一）从消费行为的角度划分

1. 核心产品

乡村旅游的核心产品指的是乡村自然景观与社会人文景观，这是发展乡村旅游的基础和核心。一般来说，乡村旅游的核心产品主要包括：乡村接待、乡村度假、乡村景观、乡村文化。对于旅游者而言，缺少其他产品所造成的后果无非是体验感下降，但是缺少核心产品则会造成旅游者失去最基本的旅游动力。因此，乡村旅游核心产品的开发与规划对于乡村旅游的发展有着十分重要的意义。

2. 辅助产品

乡村旅游的辅助产品是从乡村旅游核心产品延伸出来的弥补乡村旅游核心产品不足的产品类型。例如乡村接待需要提供相应的餐饮与住宿服务，又如乡村文化是一个抽象的概念，需要借助一定的载体进行表现，而各种乡村工艺品、特色活动等就是最好的载体，这些都是乡村旅游辅助产品的表现。事实上，辅助产品看似没有核心产品重要，但是也是不可或缺的。如果说核心产品是乡村旅游的基础，那么辅助产品则是乡村旅游质材提高的保证，是增加核心产品吸引力的根本途径。

3. 扩张产品

乡村旅游的扩张产品是由政府、企业、行业协会等组织的面向乡村旅游的营销或服务网络。扩张产品是乡村旅游发展到一定阶段、形成一定规模后的产物，游客通过乡村旅游网络获得旅游信息、预订及其他增值服务，乡村旅游的从业者也通过该网络共享资源并开展营销活动。

（二）从旅游资源的角度划分

1. 村落民居旅游产品

村落民居旅游产品指的是那些将乡村民间建筑作为旅游开发资源的旅游项目，这些民间建筑大多数是传统的民居，但也有部分是独具特色的现代化建筑，具体如下：

（1）将古民居作为旅游资源进行开发是乡村旅游的一大热点。由于很多农村地区交通不便，与外界的交流较少，因此很好地保存了古代建筑，这些建筑对于处于现代社会环境下的人们具有极大的吸引力，例如汉族的秦砖汉瓦、斗拱挑的建筑形式，黎族的船形茅屋，像像族"千脚落地"的草屋，侗族外廊式的木楼等都是极好的乡村旅游资源。近年来比较成功地将村落民居作为主打旅游产品的地区有福建武夷山市武夷镇村的明清建筑、山西的王家大院、河南的康百万庄园等。这些地区因古民居保存完整，历史风貌古朴而受到诸多旅游者的喜爱。

（2）将现代化乡村建筑作为主打产品进行开发也是当前乡村旅游的一个着眼点。由于在现代化农村建设中很多地区盲目地按照城市进行规划。因此很多乡村失去了特色，无法开展乡村旅游，但是也有部分地区在对乡村建筑进行规划时结合乡村发展特点充分展示了社会主义新农村建设成果，比较有名的有江苏的华西村、河南的南街村等。

2. 民俗风情旅游产品

乡村旅游对游客产生吸引力的一个主要原因就是乡村独特的风土人情和民俗文化。因此，对风俗民情和乡村文化进行开发，突出乡村的农耕文化、乡土文化等特色是一种十分常见的手段。目前比较常见的民俗风情旅游产品主要有以下几种：

（1）生产民俗，如农耕民俗、手工业民俗等。

（2）流通交易民俗，如商业民俗、通信民俗等。

（3）消费生活民俗，如服饰、饮食等。

（4）社会礼仪民俗，如礼俗、成人、婚嫁、寿诞、葬埋礼俗等。

（5）家族民俗，如称谓民俗、排行民俗、财产继承民俗等。

（6）村落民俗，如集市民俗、村社民俗、乡规条例民俗等。

（7）民间组织民俗，如行会民俗、社团民俗、帮会民俗等。

（8）历法及时节节日民俗，如传统节日、二十四节气、本民族的年节等。

（9）信仰民俗，如民间宗教活动、民间禁忌、民间崇拜等。

（10）游艺民俗，如民间体育竞技民俗（赛龙舟、赛马），民间杂艺博戏民俗（斗牛赌戏），民间艺术民俗（蜡染、剪纸、刺绣、雕刻等）、民间口承语言民俗（民间传说、神话、故事、山歌、谚语等）。

3. 田园生态旅游产品

将乡村的田园生态环境与各种农事活动结合起来开发成乡村旅游产品是我国乡村旅游发展早期的一种表现形式，但是近年来随着城市居民对千篇一律生活的不满，这种独具风情的乡村生活模式又再次蓬勃发展。根据主题的不同，田园生态旅游产品大致可以分为竹乡游、花乡游、水乡游、果乡游等，也可以根据旅游活动的内容将其分为四种类型，具体如下：

（1）农业景观观光游。农业景观观光游指的就是以欣赏农业景观为主题的乡村旅游项目。比较常见的农业景观观光旅游形式：有田园风光观光，如欣赏水乡、梯田等独特的田园景观；林区观光，如森林旅游、种植旅游等；草原观光，如欣赏大草原景观等。

（2）农业科技游。随着科学技术在农业生产中的应用越来越广，很多农业景观既具有传统农耕文化特点，也具有现代科技特点，这种特色的结合极大地增强了农业景观的吸引力，也催生了将农业科技作为主打产品的乡村旅游产品，例如观赏高科技种植园区等。

（3）绿色生态游。一般名义上，绿色生态游指的就是充分利用乡村原生态的生态资源来进行旅游，这种旅游项目一般尽可能地减少人工痕迹，增加旅游者与自然生态环境的接触。

（4）乡村务农体验游。城市居民大致可以分为两种类型，一种是城市原居民，即从城市建立起那一刻就是城市居民，另一种则是外来居民，例如通过城区扩建或者自主迁入城市等手段成为城市居民。对于第一种居民而言，乡村的农耕生活极为新鲜，而对于第二种居民而言，乡村的农耕生活是缅怀过去生活的一种手段，因此催生了乡村务农体验游。即让游客与村民一起生活，共同劳动，亲自接触真实的农耕生活，感受乡土气息。

4.乡村自然风光旅游产品

乡村自然风光旅游产品即以乡村地区的自然地质地貌、风景水体、风景气象气候与天象、生物等旅游资源形成的旅游产品。

（1）自然地质旅游：包括典型的地质构造、典型的标准层型地质剖面、观赏岩石、矿物、古生物化石、火山地震遗迹、海蚀、海积遗迹、典型的冰川活动遗迹。

（2）地貌旅游：山岳地貌、卡斯特地貌、干旱风沙地貌等。

（3）风景水体旅游：江河风景河段、溪涧风景河段、构造湖、火口湖、堰塞湖、河迹湖、海迹湖、风蚀湖、冰蚀湖、溶蚀湖、人工风景湖、风景瀑布、冷泉、矿泉、观赏泉、风景海域等。

（4）风景气象气候与天象旅游：云雾景、雨景、冰雪景、霞景、旭日夕阳景、雾凇、雨凇、蜃景、佛光景。

（5）生物：植物包括观花植物、观果植物、观叶植物、观枝冠植物、奇特植物、珍稀植物、风韵植物、森林。动物包括观形动物、观色动物、观态动物、听声动物、珍稀动物、表演动物。

(三)从旅游者体验的角度划分

1. 乡村观光旅游产品

乡村观光旅游产品指的是将乡村的自然风景和各种社会人文景观作为主题,以参观为主要方式的一种旅游产品。例如古建筑观光、风水文化观光、园林文化观光、田园观光等。

2. 娱乐型旅游产品

娱乐型旅游产品即以满足旅游者休闲、娱乐的需求所提供的旅游产品。纯粹的观光对于游客的吸引力是极为有限的,很多游客选择乡村旅游的一个基本出发点就是为了充分享受乡村的生活,因此娱乐型旅游产品的开发是十分重要的,例如为了让游客更好地融入乡村生活中开发出的示范表演;为游客提供亲手制作乡村手工艺品的机会;让游客亲自动手制作农家的食物和饮料等。

3. 保健型旅游产品

部分乡村由于缺少独特的自然景观与乡村文化,另辟蹊径地开发出了保健型旅游产品,针对当前大众普遍处于"亚健康"现象开发出各种强身健体、修身养性、医疗保健的旅游项目。例如日光浴、温泉浴、散步、食疗养生等。

4. 乡村休闲度假旅游产品

乡村休闲度假是指在乡村地区,以特有的乡村文化和生态环境为基础开展的休闲度假活动,是乡村旅游发展到一定阶段较高层次的一种旅游形式。休闲度假旅游产品一般是融观赏、参与、体验、教育、娱乐于一体,主要有周末节日度假游、家庭度假游、集体度假游、疗养度假游和学生夏令营等形式。

5. 乡村生活体验旅游产品

乡村生活体验旅游产品是指通过提供丰富的乡村生活独特的信息和新奇的活动来帮助旅游者全身心投入对乡村劳作的知识和技能进行探索,获得积极的旅游体验。典型的乡村生活体验游有民俗风情体验游、野外生存体验游、童趣追忆体验游、亲子温馨体验游、动物亲近体验游、心理调节体验游、贫困苦难体验游、农家生活体验等等。如农家生活体验活动形式主要有：果园摘果、品尝；花卉园学习插花技艺、园艺习作；茶园采摘；学习竹编、竹雕、竹枝、竹节造型等艺术和烧制竹筒板。在牧区可以挤马奶、勾兑奶茶、骑马放牧，感受牧区生活的原汁原味。

6. 修学科考旅游产品

修学科考旅游产品其实是专门为青少年设置的一种产品类型。目前很多家庭都是独生子女，父母的长期溺爱使得这些孩子对大自然缺少足够的了解，而修学科考旅游产品正是针对这一现象而设计，通过为青少年提供各种自然科考的机会来吸引游客，例如青少年环境保护游、农业生产游、大自然生态写生游等，在旅游中帮助青少年认识自然，认识乡村，树立正确的人生观与价值观。

7. 探险旅游产品

探险旅游是户外娱乐的一种形式，也是提高人类适应性的一种特殊活动方式。常见的探险类型有沙漠探险、海岛探险、高山探险、高原探险、攀岩探险、崖降探险、徒步探险、滑雪探险、雪地驾驶探险、河谷探险、漂流探险、湖泊探险、洞穴探险、冰川探险、森林探险、狩猎探险、观鸟探险、垂钓探险、潜水探险、驾独木舟探险、野营探险、狗橇探险、溜索探险、骑马探险、划艇探险、草地探险、野外生存探险、雪地徒步探险、峡谷探险、古驿道探险等。探险旅游主要显示了人类对自然的利用还存在着脆弱性和局限性，也显示了自然界的原始性和神秘性。探险旅游一般要有一定的探险知识、野外生存知识和一定的技术。

8. 民俗旅游产品

民俗旅游产品即将乡村的民俗文化作为切入点，有针对性地开发旅游产品。例如根据乡村的舞蹈风俗、体育风俗以及各种传统的工艺品、饮食文化、民族建筑等开发出相应的产品。

9. 节日旅游产品

节日旅游产品指的是以各种节日为核心的一种旅游产品。一般来说，节日旅游产品根据节日活动内容的不同大致可以分为以下五种：

（1）农村风光节日。即将欣赏农村优美的自然风光作为节日的主题，很多景观都是具有一定的时间限制的，在最美景观出现之时开展各种以景观为主题的节日活动能够极大地提高对游客的吸引力。例如北京延庆冰雪旅游节、成都清流梨花节、四川（西岭雪山）南国冰雪节、齐齐哈尔观鹤节、伊春森林旅游节、安徽扬山梨花节等。

（2）农业产品节日。即在某种农业生产成熟时开展的节日活动，这种节日活动一般是为了表达对丰收的庆祝以及对来年丰收的愿景，因此这种节日往往是一种狂欢式方日，与以往的生活节奏截然不同，这对于希望脱离日常生活的城市居民而言极具吸引力。例如北京通州西集镇的绿色果树采摘节、哈尔滨松北的葡萄采摘节等。

（3）民俗文化节日。中国民族众多，因此各种民族节日也十分繁多。这些民族节日都是不同民族文化的载体。例如赫哲族旅游节、连州保安重阳大神盛会、宁波市首届乡村美食节、天台山高山茶文化节等。

（4）历史典故节日。即将历史上比较有名的事件作为节日的主题，然后针对性地开发旅游产品，例如都江堰的李冰文化节等。

（5）综合类节日。即没有特定的主题节日，内容包括多种体验方式，满足游客的不同需求，一般来说，这种类型的节日多以"文化节"命名，例如郫都区休闲乡村旅游文化行、成都天台山养生节、大连万家岭老帽山映山红旅游文化节等。

10. 乡村会议度假旅游产品

乡村会议度假旅游产品指的是将会议作为切入点进行开发的一种旅游产品。对于一些大型会议而言，如果乡村的生态环境优美、基础设施完善且交通比较便利的话，那么会议的举办方很乐意在乡村地区举办会议,这对于提高参会人员的工作效率是极为有利的。

11. 专项旅游产品

专项旅游产品包括体育旅游、采风摄影旅游、电影电视拍摄旅游、野营旅游、怀旧旅游与历史出件遗迹旅游等。摄影旅游指旅游者前往乡村地区拍摄自己的摄影作品,并将旅游与摄影视为一举两得的体验方式,怀旧旅游是指专门寻觅历史上的社会风情、建筑、生活用具、名人故居等的旅游活动,历史事件遗迹旅游则是乡村旅游产品谱中重要的组成部分,在乡村地区有开发这一旅游产品的丰富素材。

12. 乡村沟物旅游产品

乡村购物旅游产品主要是为旅游者提供旅游纪念品、土特产、工艺品等,供游客选择购买。乡村购物旅游产品包括农村服饰、农副产品、土特产品、手工艺品、农村饮食等有形物品。主要利用石、木、竹、柳、藤、荆、动物等编制、加工的各类工艺品,利用的芦、菱秆、高粱桃、麦秆、芦苇、马莲草等加工成的生活用品等。乡村购物旅游产品具有纪念性和实用性。

四、乡村旅游产品的特色

(一) 乡村旅游产品的客观真实性

目前学界对旅游产品的真实性研究主要集中在客观性主义真实、建构性主义真实和存在性主义真实以及后现代"超真实"四个方面:客观主义真实观是从客观的、博物馆学的角度来看待真实性问题的,强调被旅游的客体与原物完全对等,即认为展示给旅游者的对象应是完完全全的真,不能掺杂丝毫的假。客观主义者认为,商品化会破坏地方文化的真实性,建构主义真实观认为旅游真实性是由各种旅游企业、营销代理、导游解说、动画片制作者等共同制造出来的。因此,真实性是一个社会建构的概念，其社会含义不是确定的，而是相对的、商榷的、由环境决定的，是思想意识形态的。建构主义者认为商品化并不一定会破坏文化的真实性，商品化会不断地为地方文化注入新的活力，成为民族身份的标志。存在主义真实观认为存在的本真是人潜在的一种存在状态，可由游客参与的各种令人难忘的、激动人心的旅游活动来激发，如游客在参加不同寻常的活动时，会感到比日常生活中更加真实、自由地展示了自我后现代主义"超真实"观，抹杀了"真"与"假"的界限，认为模拟变得如此真实，比真实还真，已达到一种"超真实"境界。

从上述四种观点来看，乡村旅游产品明显具有真实性的特点。旅游者到乡村进行旅游互动，观察乡村居民的真实生活方式和各种传统习惯，并亲自参与到农耕生活、节目庆典、产品加工等活动中，充分满足了旅游者体验不同生活的需求更为重要的是，旅游者参与的各种活动并不是旅游地区提供的一种虚假活动，而是旅游地的日常生活，这是乡村旅游真实性的最大体现。

（二）乡村旅游产品兼具自然与人工特色

与城市环境相比，乡村旅游产品的自然环境较为优美，与纯粹的荒野森林相比，乡村的旅游产品又具有一定的人工属性，这种半人工半自然的特点使得乡村旅游产品的自然环境更具有特色。例如我国拥有森林景观的地区众多，原始森林面积极为广阔，但是这些地区却缺少对游客的吸引力，原因就在于这些地区由于缺少人工规划，处于最为原始的状态，与游客的预期心理不相符，而乡村旅游产品既保留了森林景观的原始性，同时也对森林景观进行了一定的规划，使得森林景观井然有序，如此对游客的吸引力自然会大幅度提高。试想一下，对于游客而言是搭个帐篷睡在纯粹的原始森林更有吸引力，还是住宿在乡村提供的森林旅馆中更具有吸引力？毫无疑问，除了纯粹的探险者，后者更具有吸引力。

(三)乡村旅游产品所依赖的人文环境独特

乡村地区所依赖的人文环境独特。如江西婺源青砖黛瓦的明清民居、原汁原味的古村驿道、廊桥和茶亭,众多气势雄伟工艺精巧的祠堂、官邸成群,飞檐翘角的民居栉比。福建培田古村明清时期古民居建筑群主要包括大宅、祠堂、书院、古街、牌坊和庵庙道观,体现了精致的建筑、精湛的工艺、浓郁的客家人文气息。安徽宏村精雕细镂、飞金亚彩、气度恢宏、古朴宽敞的民居群,巷门幽深,青石街道,栋宇鳞次,有着科学的人工水系和方格网的街巷系统,体现了典雅的建筑造型,合理的功能布局,是徽州传统地域文化、建筑技术和景观设计的典型代表。浙江诸葛村村落格局按九宫八卦图式而建,整体布局以村中钟池为中心,全村房屋呈放射性排列,向外延伸八条弄堂,将全村分为八块。北京韩村河旅游景村明快和谐的红质白墙、红顶黄墙或黄顶黄墙,明亮的整钢玻璃窗,宽敞的观景阳台,大气庄重的中式琉璃瓦飞檐伴同秀美挺拔的欧式尖顶、网柱,在阳光下一同展示着亮丽的风采;不同风格的别墅楼区、宽敞的街道、高雅的景观小品、现代蔬菜大棚、花卉基地、星级饭店、村办大学、公园、医院等组成了中国新农村的风貌

(四)乡村地区独特的民俗风情

我国乡村地域辽阔多样,有着风格各异的风土人情、乡风民俗,使乡村旅游活动对象具有独特性特点。如新班图瓦村:主人招待客人,用酸奶、奶酒、奶茶、奶疙瘩、酥油、油饼、油筛子等;说图瓦语,会讲哈萨克语,当地的节日有邹鲁节等。新疆尉犁县罗布人村寨:自己的地方方言,有罗布舞蹈、罗布民歌、罗布故郭、睡茅屋、骑骆驼、滑沙、狩猎、捕鱼、穿森林、涉河水;村寨正门形如一个戴着帽子的人的头部,两侧是鱼的图腾。北京延庆香屯村:村民用天然绿色原料制作的生态保健餐,主要有栗子鸡、炸河鱼、炸核桃仁、杏仁、香椿拌豆腐等16道特色菜,以及红枣、栗子糁米

粥、蜂蜜羹等 6 种主食。在苗族的吊脚楼里有血灌肠、辣椒甘、酸汤鱼、绵菜粑、油茶、万花茶等组成的地地道道的苗家美食。在陕西陕北乡村的窑洞里，有浓郁特色的陕北菜。

（五）乡村旅游产品的季节性显著

农业生产是在人们定向干预和调节下的生物再生产过程，生产的各个阶段深受水、土、光、热等自然条件的影响和制约，具有明显的季节性，从而导致农业旅游活动具有明显的季节性。乡村农业生产活动有春、夏、秋、冬四季之分，夏、秋季节乡村旅游火爆，冬、春季节旅游冷淡。

（六）乡村旅游产品项目多样化

乡村旅游依托乡村古朴秀丽的乡村环境和各类农业资源、农耕文化、乡村民俗风貌，针对客源市场需求状况，开发出一系列趣味性高、参与性强、文化内涵丰富的各种旅游产品类型和各种旅游产品项目。

（七）乡村旅游产品地区差异性显著

不同的地域有不同的自然条件和山水环境、文化背景、生活习俗和传统等。另外，每一个地方的农业生产，包括农、林、牧、副、渔等产业的生产也具有很明显的地域性和特色。中国乡村既有南北乡村之分，又有山地平原乡村之分，还有汉族和少数民族乡村之分。我国乡村旅游产品具有分布的地域性特色，如东部沿海以海洋农业和渔猎生活为特色，东南部以江南鱼米之乡和小桥流水为特色，南部以热带海滨风光为特色，北部以冬季的冰天雪地为特色，西部以草原景观和游牧生活为特色，西北以沙漠戈壁和绿洲为特色，西南部以高山峡谷和垂直农业为特色，青藏高原以神秘的民族文化和高寒农业为特色，平原地带以一望无际的田园风光为特色；还伴有纷繁复杂的民俗宗教、庙会节庆、人文历史和浓郁的少数民族风情等。

第二节 乡村旅游文化产品开发要点

一、乡村旅游产品开发的基本原则

（一）因地制宜原则

乡村旅游产品开发的一个基本原则就是因地制宜原则，盲目地跟风模仿、移花接木甚至造假欺骗等行为只会导致乡村旅游产品失去原本的特色。一个好的乡村旅游产品总是以本地的旅游资源为基础，以独特的乡村生活表现为目标。因此，在对乡村旅游产品进行规划时要坚持因地制宜的原则，对本地的乡村旅游资源进行考察，寻找最佳的切入点。

以渔业资源比较丰富的乡村为例，在对乡村旅游产品进行规划时可以大致将乡村旅游产品分为三个阶段：

第一个阶段，利用本地丰富的渔业资源来为游客提供渔业景观观光、垂钓等项目，这些项目对于资金的要求较低，能够迅速地帮助旅游地积累大量的资金来用于后续阶段的开发。

第二个阶段，介于这个时候资金相对有限的困境，该地区完全可以充分利用现有的资源，打出"原生态捕鱼"的口号，吸引游客与渔民一起居住、一起捕鱼，如此一来对于住宿等基础设施的要求就会下降，同时为游客提供自己制作海鲜食品的机会，让游客把自己捕获的鱼制作成各类海鲜食品，加强游客的体验感。

第三个阶段，经过前两个阶段的资金积累，该地区已经拥有相对充足的资金来进行大规模的开发，这个时候应当针对本地区的渔业资源与渔业文化打造休闲观光渔业游览区，依托原生态的岛屿、村落、礁石、滩涂等多元化地发展乡村旅游，例如观海景、尝海鲜、踏海滩的休闲观光旅游的体验式旅游等。

当然，上述分析主要是针对那些乡村旅游资源丰富而又缺少足够发展资金的地区而寻的，部分地区如果资金较为充足的话可以直接进入第三个阶段，从一开始就对乡村旅游进行系统科学的规划。如果缺少独特的资源，那么可以利用农村景观的生态性来开展保健养生旅游项目。总而言之，因地制宜地开发旅游产品是必要的，一味地模仿其他地区的成功案例只会起到适得其反的效果。

（二）可持续发展原则

在之前的章行中我们已经论述过农村的生态环境是一种半自然化人工生态环境，这种复合型生态环境更为脆弱，极易受到破坏。从某种意义上说，乡村旅游对于农村生态环境的破坏是不可避免的，而我们要做的就是在规划乡村旅游产品时尽可能地对农村生态环境进行保护与改善，实现农村生态环境的可持续发展。具体来说，乡村旅游产品对农村生态环境的保护主要体现在以下两个方面：

一是对农村自然生态环境的保护。这就要求乡村旅游产品不能以破坏自然景观为代价，例如森林景观、草原景观等自然景观只能开发出观光型旅游产品，而开发体验型旅游产品则极易对这些景观造成不可修复的破坏，再比如在开发捕鱼等体验地产品时也要把握好尺度，避免大肆捕捞对渔业资源造成破坏等。

二是对农村人文生态的保护。乡村人文生态的保护主要集中在各种古文物上，例如对于一些年代比较久远的古文物，要尽可能避免游客与其进行接触。近年来部分地区为了增加对游客的吸引力，将由建筑开发成宾馆，这种行为从长远的角度来看对于乡村旅游的发展弊大于利，虽然后期的维护与保养能够保证古建筑的形态，但是其历史风貌毫无疑问在逐步地消失。

（三）生态原则

生态原则是乡村旅游产品开发的一个十分重要的原则，是实现乡村旅游发展与环境、资源协调统一的重要保证，更是确保乡村旅游产品原汁原味的根本途径。所谓的生态原则指的就是在开发设计乡村旅游产品时要尽可能地实现旅游产品与周边生物、自然环境相一致，避免人工雕琢的痕迹。一般来说，乡村旅游产品生态原则主要体现在基础设施的建设上。

乡村基础设施对于乡村旅游发展的重要性不言而喻，但是基础设施的建设过程本身也是对自然生态的破坏过程，这种情况下，乡村基础设施建设要尽可能地遵循绿色建筑设计原则。例如在建筑材料的选择上要尽可能地使用木材、毛竹、泥土等自然材料，而不是大量地使用钢筋混凝土；在安装水电设施时要充分利用太阳能、风能、沼气等再生能源，实现能源的节约与循环利用；在建筑设计上要利用设计手段来实现建筑的自然通风、自然降温、建材保温等；在建筑的外观上要与周边的自然环境相统一，避免突兀的建筑影响整体景观效果等。

（四）美学原则

人类的审美活动是人类一切活动中最基本的活动之一。对美的追求是人类对美的一种永恒的追求。旅游从本质上讲，实际上就是一种审美过程。旅游活动作为人们精神生活的一部分，是游览性和观赏性的审美活动，是自我实现与自我完善、潜移默化的情感过程，是陶冶情操、修身养性的过程，是自然美、形式美与社会美、艺术美的统一。旅游审美追求的是"天、地、人"合一的理想审美情境，其目标是创造人与自然的和谐，所以，在乡村旅游产品开发过程中，要综合考虑旅游者的审美心理要素和旅游审美态度，把握旅游者的感知、想象、理解和情感。在审美过程中，感知因素通常起着先导作用，它是审美知觉的出发点。想象可以使旅游审美充分发挥作用使旅游景观更加丰富多彩，可以使旅游产品品味升华。情感是人们对客观世界的一种特殊的反应形式，是人们对客观小物是否符合自己需要的态度和体验，对审美形象内容的理解，是进行审美的不可缺少的环节。在乡村旅游产品开发中要通过在物质的东西中增添精神层面的成分，在功利的东西中增添超功利层面的成分，带动旅游运作系统对自身功利性进行超越，最终使旅游者体会到旅游提供的不仅仅是使用价值和供人生理需要的低层次满足，而是带给人们更高的精神层面满足的审美享受。乡村旅游产品的开发最终目的是实现旅游者对乡村旅游资源进行美学意义上的感知、体验、认同和联想，从而得到感官上、情绪上和心灵上愉悦和满足的过程，使得自然旅游资源形成的产品具有形态美特征（雄壮美、秀丽美、奇特美、幽深美、险峻美、旷远美）、色彩美特征、动态美特征、综合美特征，人文旅游资源形成的产品具有历史性特征、文化性特征、特殊性特征、愉悦性特征。

（五）市场导向原则

乡村旅游的开发本身是一个经济过程，从乡村的角度来看，发展乡村旅游的一个主要目的就是推动乡村的经济发展，因此乡村旅游产品规划的最终目的是使得旅游产品能够顺利进入市场。这种情况下乡村旅游产品的规划就要紧紧地把握市场的脉搏，坚持市场导向原则，深入地洞察游客的实际需求，针对性地开发出旅游产品。一般来说，乡村旅游产品开发坚持市场导向原则主要考虑以下两个问题：

一是旅游业的发展趋势问题。旅游业的发展趋势是乡村旅游产品开发的宏观市场环境，对于现代人而言，城市化进程不断加快带来的是人们对于自然生活的向往，这也是乡村旅游逐步兴起的根本原因。而乡村旅游产品开发就要充分地把握这一特点，避免在旅游产品中表现出太多的现代化工业痕迹，否则的话对于游客的吸引力就会大幅度下降。

二是游客的行为特征。游客的行为特征是游客潜在需求的外在表现。例如乡村旅游游客多以受过良好教育，经济条件较好的城市居民为主，这类游客的一个大特点就是不仅追求美好的自然田园风光，更重视田园风光给自己带来的精神享受。这种情况下乡村旅游产品就要不断地增加产品的文化含量，避免停留在物质层面。再比如乡村旅游游客的群体特征是存在很大的差别的，有家庭式旅游、教育式旅游、老年休闲旅游、情侣观光旅游等，这就需要针对性地开发出不同的旅游产品。

对市场的准确把握是乡村旅游产品能够受到市场欢迎的基本保障，更是乡村旅游发展的主要影响因素。

（六）文化导向原则

旅游活动本身也是一种文化交流的过程，旅游文化可以说是旅游业的灵魂。以乡村旅游为例，它不仅能够满足游客的一般性观光需求，更能够满足游客的故乡情结、怀旧心理和回归自然愿望。这是旅游者对农耕文化、民俗文化、乡土文化底蕴的追求和体验，这是人们对以往文化的留恋和不同文化的向往，因此，乡村旅游的开发要满足和创造旅游者的这种文化需求。所以，在旅游业的开发中要重视文化资源，在产品的开发中寻求文化差异、增加文化含量；通过精心设计和安排，将特色文化元素融入产品设计、旅游活动和旅游线路中，形成文化竞争力，实现旅游产品价值的最大化，实现旅游者最高层次的文化满足。

（七）以人为本原则

旅游者是旅游产品的主要使用者，如果旅游产品在设计时无法坚持以人为本原则，那么再好的旅游产品都无法得到市场的认可。这也就意味着旅游产品的设计必须站在旅游者的角度进行考量，主要体现在以下两个方面：一方面是旅游产品的内容设计要以人为本市场上旅游产品众多，但是获得旅游者认可的旅游产品却寥寥无几，根本原因就在于旅游产品的设计过于理想化，或者说设计者在设计旅游产品时没有站在旅游者的角度进行考虑，忽视了旅游者对旅游产品的需求，从而出现了产品与需求背道而驰的现象。另一方面则是旅游产品的表现形式与价格要以人为本，并不是越花哨越贵的旅游产品市场前景就越好，相反乡村旅游地区需要准确把握自疗客源的经济收入，针对性地制定出具有普适性的旅游产品价格。

（八）整体性原则

旅游产品的整体性原则指的是在设计旅游产品时要考虑到该产品与其他产品的互补性，避免乡村旅游出现短板，虽然说乡村旅游主题的关注点不同，但是设计出的旅游产品至少要涵盖游客的衣、食、住、行、购物、娱乐六个层面，同时不同的旅游产品也应当尽可能地根据旅游活动内容将观赏性、参与性、体验性、教育性等做合在一起。

（九）产品差异性原则

人无我有、人有我优是获取市场竞争优势的重要方式。对于乡村旅游而言，近年来随着乡村旅游的兴起，旅游市场上旅游产品的种类也逐渐丰富起来，这种情况下旅游产品的设计就要将产品的差异性原则作为切入点，开发出具有特色的旅游产品。在实践中，旅游产品的差异性原则主要表现在两个方面：一方面是时间的差异性，即率先进入某一个产品市场，以先行者的身份出现，迅速地占领市场，然后不断地进行创新，保持自己先行者的身份；另一方面则是内容的差异性，即保证自己所推出的旅游产品具有不可复制性，这种不可复制性大多是通过技术要求、文化内涵等体现出来的。

（十）参与性原则

随着旅游活动成为大众的一项日常活动，人们越来越不满足于以观光为主的旅游活动，取而代之的是追求参与型的旅游活动，反馈到乡村旅游上，指的就是乡村旅游产品必须重视产品的参与性。简单地为游客提供参观服务是很难获得游客的认可的，而是要让游客在实践中亲自发掘旅游景观，获得精神上的享受。一般来说，乡村旅游的参与性大多是通过一些互动性活动项目来体现出来的,例如在开发乡村旅游娱乐项目时只是设计一下项目的规则,项目则由游客负责执行;在乡村手工业品上鼓励游客自主制造自己心中的工艺品;为游客提供亲自参与田园农耕劳动的机会等。

二、乡村旅游产品开发要处理好几个关系

(一)传统的继承与创新发展之间的关系

乡村旅游产品开发所面临的一个重大挑战就是传统与现代关系的处理,一方面原汁原味的旅游产品毫无疑问更能够体现乡村的特色,增加乡村旅游产品的内涵,但是另一方面处于现代社会的游客对于那些纯粹的传统旅游产品并没有想象中的那么支持,很多游客更倾向于享受那些披着现代文化理念外衣的旅游产品,这和他们的生活习惯是相符合的。因此,乡村旅游产品的开发必须要处理好传统文化意蕴的继承与现代文化的创新之间的关系。

(二)观赏艺术性与实用功能之间的关系

观赏性和艺术性都是旅游产品的重要特性,但是在当前部分旅游产品的开发上,很多旅游产品往往过于侧重于产品的观赏性,从而出现"名不副实"的旅游活动项目,给予游客一种"欺骗"的感觉,这种做法固然在初期能够以新颖的手段吸引一定的游客,但是从长远的角度来说,缺少实用功能的乡村旅游产品最终会失去发展的潜力。因此,在实践中必须要重视旅游产品观赏性与实用性兼顾。

(三)地方特色与游客需求之间的关系

许多旅游产品是在长期的历史文化发展中沉淀形成的,无论是在文化意蕴上还是在工艺技术上都具有明显的地方特色,但是这并不意味着这些旅游产品就一定能够得到游客的认可,相反,必须正确处理好地方特色与游客需求之间的关系,不能一味地

"为特色而特色",旅游产品归根结底是为游客服务的,如果不重视游客的需求,那么再具有特色的产品也无法得到游客的认可。因此,处理地方特色与游客需求之间的关系,解决具有地方特色的旅游产品与现代旅游市场需求之间的矛盾,寻求两者的协调发展是乡村旅游产品设计必须注意的一个重点。

(四)大众化需求与个性化需求之间的关系

能够进行大批地生产是乡村旅游产品设计的一个基本出发点,这就意味着乡村旅游产品主要是针对大众化需求而设计的。但是在设计中也要妥善处理游客的大众化需求与个性化需求之间的关系。一方面随着社会经济的发展,人们的需求开始朝着个性化、碎片化的方向发展,另一方面从大众化需求角度出发进行旅游产品设计很容易导致旅游产品失去特色,在市场竞争中不占据优势。但是一味地追求旅游产品的个性化又会造成产品的成本无法得到控制,乡村旅游的经济效益受到影响,因此在实践中必须妥善处理好大众化需求与个性化需求之间的关系,比较常见的手段是针对一般性或者低端消费市场开发大众性旅游产品,而针对高端市场则开发个性化旅游产品。

(五)区域性旅游商品与区域性乡村旅游商品之间的关系

许多乡村旅游商品同时又是大区域性的旅游商品,协调好二者之间的关系很重要。那些乡土气息浓厚、与乡村结合紧密的大区域性旅游商品同时也可以被确定为乡村旅游商品,因为在大区域内可能有很多旅游商品。乡村旅游商品只是其中的一部分,在大区域旅游商品中特色不是非常明显,但可以进行设计或功能上的部分调整来加载更具地方特色的元素或独特性内涵,使之成为独一无二的区域性乡村旅游商品。

第三节 乡村旅游文化产品市场需求

从我国的社会经济与乡村旅游的发展历程来看，在今后的很长一段时间内乡村旅游需求将呈现出以下发展趋势：

第一，以放松精神、休闲养生为目的的乡村旅游将逐步成为旅游的主题，这与生活压力越来越大的现代生活方式有着十分密切的联系。

第二，在未来的一段时间内，以观光为主题的乡村旅游仍旧会占据很大的比重，原因在于当前我国的乡村旅游并没有进入"饱和期"，很多地方的乡村旅游仍旧处于起步阶段，乡村旅游的开发以参观为主。

第三，游客的需求将会朝着多层次、碎片化、个性化的方向发展，这就意味着乡村旅游必须重视游客的个性化需求，传统的大众化旅游产品将会逐步失去发展空间。

第四，城市中高学历、中高层收入的居民将会成为乡村旅游的主力军，这与这类群体较高的经济收入与固定的休息时间有着密不可分的联系。

一、根据身份特征划分的乡村旅游市场

根据年龄、职业、收入水平等身份特征可以将乡村旅游市场划分为以下八种类型：

（一）青少年市场

青少年是未来消费的主力军，因此青少年旅游市场一度以来都是一个巨大的潜在市场。对于乡村旅游而言，青少年旅游市场更为重要，原因在于以下几个方面：首先，与其他旅游形式相比，乡村旅游对青少年的吸引力更大，它同时兼顾科普性、趣味性、参与性、环保性等内涵，能够在愉悦青少年身心的同时帮助青少年塑造正确的世界观、人生观、价值观；其次，对于家长而言，长期的城市生活使得他们很乐意花费一定的

时间去让青少年接触大自然,而纯粹的自然观光旅游的风险较高,乡村旅游则不存在这种因素;最后,在时间上,乡村旅游所花费的时间往往较短,例如农家乐一日游等,这与青少年的学习时间并不存在冲突。

(二)老年市场

进入 21 世纪以来,世界经济较为发达的国家普遍出现了人口老龄化危机,这种危机对于旅游业来说意味着一次巨大的机遇,它表明了银发旅游市场正在不断地扩大。与其他类型的游客相比,老年市场在乡村旅游上具有以下几个优势:第一,步入老年阶段的游客大多数已经退休,这就意味着他们拥有更多的时间来参与到乡村旅游中,同时也不缺少乡村旅游费用;第二,从人生经历来说,很多老年人是从农村走入城市的,对于农村生活先天就具有好感,因此在旅游时也倾向于乡村旅游;第三,乡村旅游或许缺少"刺激"感,较为平淡,但是这种平淡的生活恰恰是老年人所追求的;第四,乡村与城市的距离较近,生活方式也比较接近城市,因此老年人长期居住在乡村并不会产生生活的不适,同时较近的距离也能够减轻子女的担忧。

(三)学生市场

学生市场是一个出游率巨大的潜在市场,一直以来学校都有组织学生进行春游、秋游的习惯,这从本质上来说也是乡村旅游的一种表现形式,如果乡村地区能够把握这些机会,那么就可以将学生市场纳入乡村旅游范畴之内。但是乡村旅游地区也不能忽视学生市场的一些缺陷,例如学生市场的季节性特点十分显著,旅游的高峰期往往在寒暑假和节假日、学生市场对于安全要求较高,乡村旅游地区承担的风险较大等。

(四)都市白领市场

都市白领指的是那些学历水平较高、收入较高、工作时间较为稳定的一类群体。这类群体的一个显著特征就是追求生活质量,较高的收入决定了他们十分乐意尝试新鲜事物，而千篇一律的工作方式又加大了他们的工作和生活压力。因此，都市白领市场是当前乡村旅游最大的潜在市场，农村良好的生态环境与独特的乡风民俗对于日复一日过着单调生活的都市白领有着强大的吸引力，他们也十分乐意花费一定的金钱来脱离城市，体验农家生活。值得注意的是，都市白领的工作与休息时间相对较为稳定，但是除了国家法定节假日之外，都市白领的休息时间并不是很长，因此乡村旅游产品的设计应当以"乡村一日游"为主。

（五）家庭旅游市场

在我国，家庭旅游市场的潜力从旅游业的发展现状来看并不是很大，由于家长的工作时间与孩子的放假时间并不是很协调，因此家庭共同出去旅游的机会并不是很多。但是从国际旅游的发展历程来看，家庭旅游可以说是一个重要的发展趋势，许多家长都再次带着孩子旅行。因此，家庭旅游市场也具有一定的潜力，乡村旅游地区对此应当进行一定的准备，至少乡村旅游的特性决定了它很容易受到家庭旅游的青睐，例如危险性小、交通便利、花费较低等。

（六）入境游客乡村旅游市场

入境游客乡村旅游市场主要指的是国际市场，作为一个拥有悠久历史的国家，中国在国外友人的眼中一直以来都是一个神秘的国家，而改革开放的不断深入又放宽了国际游客的限制，导致我国近年来国际游客数量迅速增加。而作为中国传统文化保留最为完整的地区，乡村对于国际游客也具有一定的吸引力，因此入境游客乡村旅游市场也是一个潜力丰富的市场。

（七）周末工薪阶层乡村旅游市场

实行每周5天工作制以来，人们的自由时间明显增加，给近距离旅游创造了很好的条件。随着交通状况的不断改善，城市上班族在周末走出城市、投身乡下已经成为一种时尚。为迎合这一潮流所做的乡村旅游开发，势必有很大的市场发展潜力。这部分客源的出游，大多数是单位组织或以同学、朋友聚会的方式，消费不算很高。

（八）城市个体、私营工商、服务业的业主市场

这些比较富裕的游客群体到乡下去，除了放松身心外，主要是利用乡村的环境和地理优势，用以招待客户和联络感情，在出游形式上，这部分客户大多自己有车，经济宽裕，是目前乡村旅游非常重要的客源市场。

二、根据游客的心理需求划分的乡村旅游市场

可以说，每位游客选择乡村旅游的出发点都是不一样的，他们有着各自不同的动机和期望，而根据这种期望可以将乡村旅游市场分为以下七种类型：

（一）回归自然型

随着社会主义市场经济的不断发展以及城镇化建设进程的加快，城市居民接触大自然的机会越来越少，面对喧嚣的钢筋水泥丛林的压力也越来越大，这种情况下城市居民开始追求一种自然的生活方式，希望能够真正地感受到大自然的山山水水，这种需求从本质上来说是对人生价值的感悟，是从繁华到朴实的回归，是一种更高品质的追求。回归自然型的乡村旅游市场以这类游客为主。对于这类游客而言，乡村旅游地区只需要提供基础的衣、食、住、行服务即可，过多的人工雕琢痕迹只会影响他们的精神享受，例如现在的很多"驴友"就属于典型的回归自然型，他们不需要旅游地区提供多么便利的条件，只希望能够真正地感受到真实的大自然。

（二）缓解压力型

众所周知的是，在城市里每一个人都面临着事业、学业上的巨大竞争压力，快节奏生活方式使得每个人的生命之弦都时刻处于紧绷状态，这种情况下绝大部分城市居

民都处于亚健康状态,也催生了城市居民到偏远地区放松心情,缓解压力的旅游业务。无论是白领蓝领,还是商界巨子,一旦能搁下手头的活,偷得浮生半日闲,也会欣然前往乡间,暂时改变自己的社会角色,享受尽管只是瞬间的身心舒坦。当他眺望散落在大山褶皱里的座座农舍、如抖动水袖般的村外小河,聆听漫山遍野的浅吟低唱,或许会怦然心动,叹息良久——乡村是疲惫心灵的最后家园。这类游客的数量较多,他们希望参与轻松愉快的活动;希望观赏舒心悦目的景致,调节情思意趣,疲惫的身心经过这样的"充电",返城后就能精力充沛地继续拼搏。

(三)取经学习型

取经学习型游客大致可以分为两种类型,一种是乡村之间的取经学习部分。乡村地区由于科学的经济发展对策以及得天独厚的资源环境,在诸多乡村之间成为领头羊,经济迅速发展,这种情况下其他地区的乡村为了学习特地组织团队进行参观考察,例如江苏的华西村每年都接待大量的学习团队,这些团队主要来自其他地区的乡村。另一种则是青少年到乡村学习。当前的青少年虽然早早地就接受教育,但是对于乡村的了解主要是通过书本实现的,对于实际的乡村生活与文化并不是很了解,因此部分学校与家长为了加强孩子的素质教育,特地组织学生到乡村体验生活,将乡村打造成孩子的第二课堂,在拓展孩子知识层面的同时也培养孩子高尚的道德情操。

(四)民俗体验型

中国民俗凝聚着数千年来华夏儿女对美好生活的追求、向往以及文化创造。它存在并渗透于社会生产与生活的广泛领域,然而,有很长一段时间里,由于某种原因造成的愚昧与偏见,一刀切地"破旧立新""移风易俗",把民俗文化中的糟粕连同它的精华都如脏水般的泼掉了。现在城里许多传统节日冷冷清清,民俗文化日渐式微,西方的传统节日却在中国喧宾夺主,气氛甚嚣尘上,真让人感觉有点数典忘祖。幸而,保护物质或非物质的文化遗产已引起国人的关注，对包括当地居民的生活和民间历史传承的民俗——这个无可替代的活化石，开始像保护濒临灭绝的物种般加以抢救，对已流失的加以挖掘，而残存的加以整理，使之发扬光大。幸而，在那些偏僻的乡村，老百姓一如厮守着老祖宗留下来的土地，依旧保留对自身习俗的那份矜持。于是，当传统的中国人越来越觉得过节单调乏味，便试图冲决商业文化的牢笼，到乡野采风问俗，寻找魅力独特的、带着泥土和俚俗味的文化，跻身于喜气洋洋或神秘诡异的在庆活动中，在享受农家风情时，获得一种全新的印象或勾起一段遥远的记忆。这类游客既希望了解当地民俗，更希望能参与民俗活动。他们希望详尽了解目的地有关农耕、服饰、饮食、居住等方面的物质民俗，以及人生礼仪、岁时节令、节庆游艺等方面的社会民俗，并弄清其程式和寓意。

（五）收获品尝型

当前市场上商品种类繁多，价格便宜，各种应节与反季节蔬菜水果屡见不鲜，但是越来越多的人开始不喜欢从市场上买回现成的蔬菜水果，而是要亲手去采摘、去种植，一方面是多次曝光的食品安全问题加大了居民的担忧之心，对市场上的蔬菜水果的信任开始下降，另一方面人们也增加了在劳动中体验那种收获的快感，因此到乡村地区种植、收获、品尝型旅游活动开始兴起。

（六）运动养生型

当今，成年人不管属于哪个阶层，何种职业，都把自身的健康摆在首位。有强健的体魄才能不断进取，不断打拼，没有健康的身体，有好的条件也享受不到生活的乐趣。老是去名山大川、度假胜地不可能，利用打假日休闲时光，到乡下散心、健身、健美倒挺方便，甚至逐渐成为时尚，乡村已经成为现代都市人心灵的桃花源，对于这类游客，到了目的地停留的时间要较为长一些。

（七）缅怀岁月型

缅怀岁月型游客以老年游客为主，这类游客大多生长于农村，后来随着经济收入的不断提高移居城市，但是家乡的那种生活方式与民俗风情始终流淌在脑海之中。在退休之前由于工作时间的限制，没有充足的时间去再次体验乡村生活，但是在退休之后越来越多的老年人选择在农村生活，一方面固然因为农村的生活较为平静，但是另一方面与这些人的缅怀心态也有着十分密切的联系。

第四节　乡村旅游文化产品开发的创新设计

一、乡村旅游产品的品牌建设

品牌是市场经济条件下最重要的无形资产，21世纪也是品牌经济时代，产品之间的竞争表现在品牌的竞争。如何在乡村旅游产品市场中得到旅游者认可，获得最佳经济效益，创建旅游产品品牌是关键，品牌的塑造是获得乡村旅游产品核心竞争力的重要手段。乡村旅游产品品牌的塑造要经历品牌主题定位、品牌设计和品牌传播推广三个阶段。

品牌主题定位主要解决乡村旅游产品的发展方向和主要功能定位。品牌主题定位要符合乡村旅游产品的内涵，要重视对乡村旅游产品特色的挖掘展示，不是任何旅游产品都能够成为旅游品牌，而要选择最具特色的旅游产品。品牌设计主要是为了在市场上获得与品牌主题定位一致的形象而对产品进行的一系列包装，以增强旅游者的感受和满意度和产品信誉度。一般要深入研究旅游产品的真正优势，通过一句精练的文字来体现，这句话能够把旅游产品的特色优势形象化地表述出来，同时文字要具备广告效应，能够打动旅游者的心，激发其旅游动机，并易于传播和记忆，最后一个阶段是进行品牌的推广。提高知名度和注意力需要品牌的有效推广和传播，持续的促销活动能给现实和潜在旅游市场造成强烈的视觉、听觉冲击，所以要采用报纸、杂志、电视、网络等媒体和多种促销组合手段，把产品品牌形象与内涵持久地传递给现实或潜在的旅游者，以在受众中树立并强化乡村旅游产品鲜明的品牌形象。例如河南温县陈家沟作为太极拳的发源地，开发"太极之旅"等旅游项目，提出了"看太极发展史，学太极真功夫"的旅游产品品牌，感受太极之乡的特有风情。再如叶剑英元帅的故乡——广东梅县，是客家人聚集最集中的地区，梅县的客家文化是最典型和最具代表性的中国客家文化形态。客家先民定居在山区，山中田园生活是客家人的真实生存状态。而山居生活对人际交往的心理需求，又使客家人养成了热情好客的传统。此外，当年客家先民"衣冠南迁"，大多出身于书香门第，历来有"耕读传家"的文化传统。广东梅县结合现代旅游市场的消费需求趋势，突出客家文化和田园风光，提出了梅县的旅游产品品牌形象——"山中田园诗，梅县客家情"。

二、乡村旅游产品主题设计

乡村旅游首先要做的是设定一个精练的主题，主题的设定是规划乡村旅游产品的关键所在。一般来说，科学的乡村旅游产品规划都是将一个固定的主题作为出发点，然后以主题为依托设计出一系列乡村旅游产品。

对于乡村旅游产品而言，主题的最大价值在于以下三个方面：第一，主题能够保证乡村旅游产品的规划始终围绕共同的核心，避免因产品种类繁多分散游客的注意力；第二，统一的主题有利于乡村旅游地区更好地营造旅游环境与氛围；第三，旅游主题的设定往往与当地的风俗民情相关，这能够保证乡村旅游的特色，避免其他乡村地区模仿。在设定乡村旅游产品主题时，旅游地区可以按照以下三种方式结合自身的特色进行设定。

（一）以乡村四季风景为主题的乡村旅游产品设计

这里主要指在一定的地形范围内，利用并改造自然地形地貌或者人为开辟和美化地形地貌，综合植物栽植或艺术加工，从而构成一个供人们观赏、游憩的具有特定主题景观，达到游客欣赏自然、发现自然、感受自然的高层面的和谐氛围，使得自然资源的初级吸引力转变为更高层次的吸引力，凸现产品特色。

1. 田园之歌

在乡村的果园地区，以春花、夏果、秋叶、冬枝为主题。春赏花漫山野，夏品果熟田间，秋观红叶枝头，冬思枝横影疏，四季皆成美景，例如西藏的乡村地区天如纯蓝墨水一样蓝，云如绵羊的毛一样白，水或碧或蓝晶莹清澈。

2. 休闲田园

把乡村一年四季的农事活动与田园情趣的参与和观赏连为一体，为游客提供农事活动的内容，如栽秧、犁牛耙田、磨磨、车水、割麦、打场晒粮等，让游客亲身感受农耕文化，体验古代农民劳动的艰辛和快乐。还可设计花卉园艺观光园、蔬菜种植园、茶园、水乡农耕观光园、特种植物园、特种养殖园等。

3. 生态园林

比如在开发"竹乡游"时，可以突出"做客竹乡农家，亲近美好自然"的主题，让游客吃竹宴，住竹楼，观竹海，坐竹椅，睡竹床，买竹货。

（二）以乡村实体景观为主题的乡村旅游产品设计

实体景观一直以来都是以观光为主，但是近年来实体景观旅游产品的设计也逐渐地多样化，最为常见的是根据景观的类型来针对性地设计出相应的旅游产品，从而增加旅游产品的内涵。例如根据"桃李无言，下自成蹊"成语中"桃李"的象征意义来设计以学子谢师或者教师度假为主题的旅游产品，以此来吸引毕业考试之后的学生游客或者节假日期间的教师群体；再比如对"荷花"这一实体景：进行旅游产品设计，可以根据荷花的亭亭玉立、出淤泥而不染的特点来设计出以医护人员高清的品质为主题的"白衣天使游"旅游产品。

（三）以地方民俗为主题的乡村旅游产品设计

1. 欢乐农家

欢乐农家产品的设计主要是以乡村常用的农耕与生活工具进行设计，例如将乡村的织布机、石磨等与谷子、玉米放在一起，塑造一个传统的农家形象，游客可以在其中享受传统的农耕方式，感受收获的喜悦。

2. 童真乐园

童真乐园顾名思义，主要是针对儿童游客设计的。该设计主要是利用城市儿童不常接触的乡村孩子娱乐项目进行布置，例如踢毽子、推铁环、弹弹子、玩泥巴、踩高跷等。

3. 农家宴

农家宴这一旅游产品既凸显了乡村生活的特点，也为游客提供了饮食服务。例如"田里挖红郭、村里吃土鸡"，感受了一天的乡村野趣，再在田园茅草屋下吃上一顿地道的农家大餐，如米汤菜、红薯稀饭、土鸡土鸭，是既饱了眼福、手福，又饱了口福。在东北吃大锅贴饼子、"笨鸡"炖蘑菇、水豆腐、土豆炖茄子、山鸡等纯绿色食品。

4. 农家作坊

可以说几乎每个村庄都有自己的"独门绝活"，对此乡村旅游地区可以充分利用，增设几处农家作坊，挖掘传统技艺，如弹棉花作坊、豆腐作坊、磨面作坊、铁匠作坊、竹刻根雕作坊等，展示各种已被现代文明取代的劳作方式，使游客可以欣赏乡村的古朴意味。

5. 农家听戏

在周末或节假日，可以在农田空地上搭建戏台，进行具有民俗特色的表演。如腰鼓、大头娃娃、跑旱船、秧歌、戏曲等。

6. 民俗演绎

演绎祭灶神、祭祖、婚嫁等民间节庆的生活习俗，游客可以参与其中，扮演新郎、新娘或主婚人等，亲身体验坐花轿、游后山、抛绣球等活动。如汉族民俗：春有"踏青节"为主题的民俗活动；夏有"七夕节"为主题的民俗活动；秋有"中秋节"为主题的民俗活动；冬有"闹春节"为主题的民俗活动。

7. 动物欣赏

虽然说与城市的一些养殖园相比，乡村的动物种类并不是很多，但是仍旧有其乐趣所在，对此可以设计观赏鱼类和农家小动物，如开展"好汉捉鸡"等活动。

8. 乡村购物

乡村购物也是一项可以设计的旅游产品，例如每隔一天或者一周的赶集，固定时间的庙会等，游客可以在此购买民间工艺品购买、刺绣、瓜果、干果等。

9. 节庆活动

如乡村地区通过开展"乡村青年文化节"活动，组织推出一批学用科技、致富成才、民族团结、移风易俗、美化环境、文体活动等方面的品牌活动，有效带动乡村青年文化活动开展，丰富农村青年的文化生活为主题的乡村旅游。这些文体活动包括文艺演出（小品、相声、音乐、舞蹈）、健美操比赛、赛诗会、读书心得、知识竞赛、板报比赛、歌咏比赛、演讲会、青少年长跑、公映爱国主义影片等。

10. 体育竞赛

开展乒乓球、篮球、排球、帆船、雪橇、滑雪等体育竞赛活动；拔河、赛龙舟、赛马、叼羊、竹铃球、射箭、舞狮、空竹、马球、捶丸、蹴鞠等民族传统体育活动；武术、太极拳、气功、中国式摔跤、中国象棋、围棋等传统体育项目。

三、乡村旅游产品营销推广

（1）各地方政府在进行交流时要主动宣传自身的乡村旅游产品，正如前文中所论述的法国乡村旅游之所以发展迅速的一个主要原因就是政府主动印刷了大量的宣传手册，并在交流访问中向他国宣传，对此地方政府也应当如此，政府的主动宣传能够提高大众对乡村旅游产品的信任度。

（2）邀请旅行社与新闻媒体来进行参观是推广乡村旅游产品的一个重要途径，正所谓耳听为虚眼见为实，旅行社作为旅游活动的发起人，新闻媒体巨大的影响力都能够帮助乡村旅游地区将旅游产品推广出去。

（3）在互联网时代，制作专门的形象与产品宣传片对于旅游产品的推广具有十分重要的意义，它能够帮助潜在客源更为直观地了解旅游产品，激发他们的旅游动力。

（4）将旅游产品的品牌在营销宣传册、形象宣传片、网站介绍、信息中心、旅游纪念品、旅游宣传品等地方反复应用，强化旅游产品形象。

（5）举办节事活动，参加节庆活动、展销会、博览会、旅游交易会；集中大量媒体的传播报道，迅速提升旅游产品的知名度和美誉度。

（6）邀请电影或电视剧的摄影组到景点来选取外景，优秀的影视作品会对旅游产品起到良好的宣传作用。

（7）通过专题新闻报告、专题电视风光、专题性学术会和电视综艺节目等多种运作形式将旅游产品宣传出去。

（8）通过举办摄影、绘画、作文等系列比赛和优秀作品展览活动，或通过定期举行门票抽奖活动，使旅游与竞技、旅游与知识、旅游与幸运相结合，达到扩大景区影响、树立景区名牌、提高到访率和重游率的效果。

第五章 旅游产业与文化产业融合发展的关系与动力

旅游活动本身也是一种文化交流活动。旅游者既是文化的观摩者，又是文化的参与者。旅游过程中最吸引人、最终给人留下印象最深的是文化，可以说，文化是旅游的灵魂。文化元素作为文化的基本组成单位，是吸引游客的重要因素。所以应该将旅游产业同文化产业相融合，既推动民族文化的传扬，又促进旅游产业的进步。本章分别论述了旅游产业和文化产业融合的动力和手段，有利于推进我国旅游产业同文化产业的相互融合，增强旅游产业经济链的持续发展。

第一节 旅游与文化的关系

一、旅游是文化的载体

（一）旅游发展与文化发掘

旅游受制于文化，这是旅游与文化关系的一个侧面。旅游与文化关系的另一个侧面是，旅游毕竟是一种独立的社会文化现象和经济现象，它受制于文化，又游离于文化之外，给文化以巨大的影响和作用。

由于文化的多元性，文化元素分类较为复杂。为了便于对旅游文化元素的挖掘与认知，可以按较为系统的表现形式将其分为观光文化、商务文化、会展文化、休闲文化、修学文化、体育文化、宗教文化和生态文化。

旅游的核心是文化。旅游中最能吸引游客的是文化元素。旅游开发能否成功，文化元素的挖掘是至关重要的。任何一个旅游项目的开发都有一定的动因，有时候文化吸引物本身就是开发动因，也有时候为了提升开发效益而主动地挖掘文化元素，以丰富项目内涵。但是无论是哪一种情况，为了保证开发效果，对于文化元素的挖掘都应该有一个系统的思考，也应该遵守区域性、原真性、保护性和效益性等原则。

旅游作为一种社会经济现象，具有强烈的文化属性。旅游对于旅游媒介而言是经济行为，而对于旅游者来说，主要是文化行为。游客进行旅游观赏对象蕴含着丰富的文化，旅游活动本身又能创造文化。旅游活动的本质是为了丰富精神生活。旅游作为一项实践活动，主要对象是包罗万象的大自然。大凡气势恢宏的文学艺术作品，多源于作者对自然万物的灵感。当然，旅游审美活动的内容是丰富多样、无所不包的，除了秀美奇丽的自然景观，还有文物古迹、建筑园林、音乐舞蹈和社会风尚等。这些源于自然又高于自然的人文景观是人和自然相结合的杰作，体现了人类的智慧和追求，对游客同样具有极大的吸引力。

（二）旅游发展与文化优化

欣赏和了解异族文化是旅游者外出旅游的动机之一。越是有特色的文化，越能吸引旅游者。为了发展旅游业，旅游目的地国家和地区总是想方设法突出自己的民族文化特色，从而使文化得以优化，如旅游使云南丽江古城的文化特色更为优化。

作为传统文化的有机组成部分，旅游文化一方面依赖于传统文化而生存，另一方面推动着传统文化在现代社会的继承和弘扬。在丰厚的经济利益面前，各地兴起了用传统文化包装现代旅游的开发热潮，许多独特而富有内涵的传统文化遗产得到了发掘和保护。随着游客源源不断地涌入，对当地民族传统文化的需求显著提升，各地许多濒临失传的传统精神文化和物质文化在旅游大潮的触动下纷纷得到了保护、发掘和利用，并融入了旅游市场。传统文化随着旅游业的发展迎来了复兴的契机。

传统文化不仅丰富了现代旅游业的内容，在旅游发展中也得到了广泛的弘扬与传播。尽管在一些地方，在开发旅游资源的过程中产生了一些破坏旅游资源和生态环境的不和谐音符，在发展旅游的过程中，本地的特色文化和民族风情遭到了外地文化的侵袭和渗透，逐渐丧失其本真和特色，但不容置疑的是，绝大多数地方的传统文化得以弘扬和发掘，已经成为当地发展旅游业的重要依托。各地在发展旅游文化的过程中，一方面大力发掘和利用本地的传统文化，另一方面在不断地推陈出新，创造出各种各样的新的文化形式，以满足旅游者日益增长的物质文化需求。这样，传统文化借助于旅游文化的经济功能得以留存和弘扬，而旅游文化因为传统文化的重新重视而不断地发展壮大，正日益成为未来各地旅游业竞争的源泉和动力。

游客和当地居民之间的文化交流也有利于促进和平往来。人们因为旅游活动，离开自己惯常居住的熟悉环境，来到一个陌生的地方，接触到新鲜的人和事物，生活在一个与以往截然不同的新环境中，以新的文化和环境扩大了视野，增长了见识，增加了对旅游所在地的了解和掌握，有助于相互之间避免误会、消除隔阂、增进了解、加深友谊，不仅要让外面世界的游客走进旅游地，也要让旅游地走向外面的世界，从而达到相互之间的交流和理解，增进同情和友谊。

文化是明天的经济。在旅游产业发展过程中，旅游文化由于具有重要作用和地位，在现代旅游发展中越发显示出独特的魅力和强大的功能。旅游业的竞争，归根结底是文化的竞争。旅游地文化内涵和品位的现实状况，直接关系到旅游地的资源特色和竞争实力，也直接关系到旅游业发展的兴衰成败。旅游作为人类特有的一种生活方式，主要是满足旅游者高层次的精神需求和文化享受，因此在旅游业的发展过程中，只有不断提高旅游地和旅游资源的文化内涵和品位，旅游地和旅游资源才会对旅游者产生持久的吸引力，旅游业才能实现持续、健康、快速发展。因此，在旅游业发展过程中，旅游文化扮演着至关重要的角色，正日益成为旅游业发展的新的经济增长点。

(三)旅游发展与文化传承

旅游文化的传承性是从时间的角度来讲文化一脉相传的特性的。任何现存的文化都是从旧文化中传承而来的,继承先前的文化成果,并在新的条件下进行新的文化创造,形成纵向的文化内涵的传承,使文化积淀越来越丰富。现存的旅游文化都是人类文化长期历史演变的结果。越是古老的资源,越具有丰富的历史积淀。

任何一种文化形态的产生都源于原有的社会生产实践和历史文化传统,它的发展要汲取母体中有生命力的部分,并运用到现实的创造实践中。这是一个循序渐进的过程,不能凭空创造或随意移植、模仿。对于旅游文化学来说,由于它是一门新兴的边缘性学科,学科本身具备的理论学术积淀并不丰厚,前人研究的成果相较于其他学科来说,即使与之对比的是旅游学的相关学科,如旅游经济学,在数量上也是有一定的差距的。因此,旅游文化学在其发展的初期阶段,必然要依赖于文化学和旅游学,以及其他学术领域的相关学科强大的理论体系和研究方法,必须大胆借鉴、努力吸收这些学科的优秀成果,不断充实自我。

但是,有一点必须注意,即文化内涵、民族的价值观念和行为规范的传承不是简单意义上的完全拷贝,不是直接拿来就用,传承更重要的意义在于变化和演进。一成不变的文化模式丝毫没有生命力,只有在垂直继承的基础上兼收并蓄、勇于创造,才能形成真正有价值的文化积淀。

不同地区文化的差异是旅游活动产生的动因之一。旅游者到异国他乡旅游,目的之一就是学习和了解当地文化,如民俗风情、生活习惯、饮食文化、住宿文化、服饰文化、民间艺术、景观文化、文学艺术、历史文化及社会文化等。与此同时,旅游者又将自己本国、本地区或本民族的文化带到了旅游目的地,并通过自己的言行举止有意无意地将文化传播给目的地居民。因此,旅游能够促进文化的传播和交流。

二、文化是旅游的灵魂

早在 1981 年，著名经济学家于光远就指出：旅游不仅是一种经济生活，也是一种文化生活；旅游业不仅是一种经济事业，也是一种文化事业；从旅游资源的角度看，文化事业的发展也具有决定作用。20 世纪 90 年代，喻学才等旅游文化学专家更加深刻地认识到，旅游文化是旅游业的灵魂和支柱，是旅游业可持续发展的源泉，是旅游业发展的经济增长点。

（一）文化是旅游资源的魅力所在

旅游资源是旅游业赖以生存和发展的前提条件，是旅游业产生的物质基础，是旅游的客体。构成旅游资源的基本条件是一样的。首先，旅游资源对旅游者来说应具有一定的吸引力，能激发人们的旅游动机，能使旅游者得到一定的物质享受和精神满足。其次，旅游资源应具有可利用性，对旅游业具有一定的经济、社会和文化价值，即旅游资源的开发能产生不同的经济效益、社会效益和环境效益。最后，旅游资源是客观存在的一种实在物，有的表现为具体的实物形态，如自然风景、历史文物等，有的则为不具有物质形态的文化因素，如地区民俗风情等。绝大多数旅游资源是先旅游业而存在的，并不以人们的开发利用为转移，即使是现代形成的旅游资源，如城市风貌等，也是在形成之后才被人们认识，并为旅游业开发利用的。随着旅游者爱好和习惯的改变，旅游资源所包含的范畴会不断扩大。

文化内涵是旅游资源的灵魂。无论是何种旅游资源，都有其独特的文化内涵。实践已证明，旅游资源不仅有充实精神生活、增长知识、健身的功能，而且有促进经济发展、增进文化交流和相互了解的价值。对一个旅游资源来说，它本身是一种天然的存在物，并非为了旅游而存在，人们只有发现了它的美，才会去游览、欣赏，当地政府或是投资者感到有利可图，才会对它进行规划和开发，挖掘其文化内涵，它就成了旅游目的地。

文化资源是旅游的核心资源。旅游的潜力在很大程度上取决于文化的魅力和吸引力。旅游资源多种多样，但决定其品质的是文化。有了文化的内涵和底蕴，旅游就会平添无限魅力。体现文化特色，需要把握该文化的内核所在和特质所在，以现代形式、大众方式来诠释和表达。没有深厚的文化内涵，旅游就失去了生命和活力，更不可能实现飞跃发展。从旅游业的发展来看，文化资源已经成为现代旅游的第一资源。凡是旅游吸引力、竞争力强的地方，都是有独特文化品格和文化魅力的地方。

从文化与人文旅游资源的关系来看，文化孕育着人文旅游资源，人文旅游资源包含着文化，要对人文旅游资源进行开发与鉴赏，就需要对其进行文化的解读。人文旅游资源属于文化的范畴，不少文化资源只要略加开发，就可以成为富有吸引力的旅游产品。大量的人文旅游资源都具有丰富而深邃的文化内涵，游人要欣赏、感悟它，规划师、旅游商要开发、利用它，就必须具备一定的文化素养。从文化与自然旅游资源的关系来看，大好河山孕育文化，文化辉映大好河山，两者相得益彰。此外，虽然许多自然旅游资源本身不具有文化属性和叠加的历史文化色彩，但自然美无疑需要从文化层面来鉴赏，需要用科学知识来解读，而且，要将自然山水转化为旅游产品，必须通过旅游开发这一文化手段来实现。因此，从这个意义上讲，自然旅游资源同样也具有一定的文化特性，与文化是密不可分的。

（二）对文化的追求是旅游主体的出发点与归宿

旅游主体出游无非出于乐生、养生、健身、求知和审美的需要。这些需要按照著名心理学家马斯洛的需要层次理论，都属于高层次的文化需求。人们对充满异国他乡情调的城市文明、田园风光、民俗风情满怀好奇心，满怀憧憬和期待，这是人类求异心理的典型反映；人们总是希望在奇险幽野的山岳景观中获得美的感受，在壮阔雄伟的江河中获得美的熏陶，这是人类审美意识的苏醒与律动；人们总是期待着在大自然中获得灵感，在人类文明的河床上获得智慧，这是人类求知、启智需求的体现；人们总是希望通过投身于自然忘却烦恼、获得快乐，通过参与异国他乡的民俗活动洗去心灵尘垢，获得愉悦，通过旅游团队人与人之间的和谐相处忘掉尔虞我诈、钩心斗角，获得心灵的慰藉，这是人类的本能；人们通过跋山涉水可以强身健体，通过回归自然、享受自然可以消除疲劳、缓解工作压力，这是人类健身养生的需要。上述需求的满足都需要文化的参与，也是文化的体现。

（三）文化是旅游业兴旺发达的源泉

一个没有文化的产业是没有活力的产业，一个没有文化的产业是没有灵魂的产业，是必定会被市场无情淘汰的产业。旅游产业也是如此。一个文化氛围浓郁、文化底蕴深厚的旅游产业对内可以团结员工、凝聚人心，对外可以吸引顾客、获得效益。

文化与人类的物质生活和精神生活有着密切的关系。文化的核心内容就是人类在长期适应和改造自然的过程中所形成的思维模式和行为模式：思维模式包含在观念、信仰、知识、价值中，是看不见的，只有当它诉诸行为时才会表现出来；行为模式包含在人的行为和人类创造的各种物质形态中，是可见的、经验的，而对文化的研究往往从可见的行为开始，透过行为洞察其内在的价值观念。

文化渗透在人类活动的各个领域。旅游是一种休闲活动和方式，在旅游中游客可以暂时脱离传统文化义务的约束，不受世俗礼仪的支配，投身到一种新的文化关系中，即旅游文化是包含在旅游活动中的人类物质和精神活动成果的总和，同时它也是一种可供观赏和参与，并使观赏者和参与者都深刻感受到的一种文化，它有非常明确的展示性和选择性，有很多艺术特色蕴含其中。旅游的本质是一种精神文化活动，是满足旅游者审美需求的社会文化现象。随着社会文明的进步，人们对精神生活的需求越发强烈，旅游者将越来越不满足于对山水景物的浅层观赏，而追求从文化的高品位上，从自然、人文景观与文化的契合点上获得一种审美愉悦，去探求、认识和感悟一种文化的深厚底蕴。

第二节 旅游产业与文化产业融合发展的动力

一、旅游产业与文化产业融合发展的内在动力

旅游产业与文化产业融合发展的内在动力由旅游需求的多变性、旅游资源观的转变及旅游文化企业间的竞争与合作三大要素构成。

（一）旅游需求的多变性

当前，随着生产力、经济水平和人民生活水平的不断提高，旅游者的旅游需求也在变化。旅游需求的满足不仅包括从消费中获取物质需要的满足，更重要的是从中获取心理和精神层面的满足。总体而言，旅游消费需求的多变性源于旅游市场的不断成熟、旅游者对旅游体验广度和深度的不断追求、新的旅游消费特征及信息共享的时代特征。

我国的旅游产业发展至今，旅游产品已经逐渐分层发展，突出的表现就是旅游者对一些高端旅游产品的消费。携程网推出的"鸿鹄逸游"系列产品的成功，是旅游企业开始拓展小众市场、高端市场的一大标志。相比国内"小长假出游爆棚"的大众游，小众市场的发展表明旅游市场开始出现分层，旅游产品结构开始有了消费额的高、中、低档之分，这标志着我国旅游市场开始走向成熟。旅游需求具有个性化属性，具有小批量、多品种、非标准等特点。成熟的旅游者对旅游体验的个性化和体验深度要求更高，驱使旅游企业为了争取更多的旅游者、抢占更大的市场份额而进行创意、技术等方面的改革，将旅游产业内的要素进行优化整合，引入文化产业要素，从而使旅游产业与

文化产业融合发展，旅游产业的结构也因此而改变，从而能够满足旅游者日益增长的需求。

旅游产业与文化产业的融合发展，不仅要关注旅游需求的多变性，还要明确旅游需求最明显的三大变化：其一是越来越多的人追求在生态环境良好的地区完成自己的旅游生活，生态环境成为旅游者追求的核心目标；其二是越来越多的人追求情感氛围更浓的旅游环境，通过旅游来促进亲情、爱情、友情，来促进人际交往过程中的情感传递；其三是越来越多的人追求文化浓郁的旅游目的地，在求知欲望的驱动下，丰富自己的人生经历，感悟人类文明。在这三大旅游需求的变化中，游客对文化的渴慕是旅游需求三点变化中最突出的变化，也是推动旅游产业与文化产业融合发展的内在驱动力。

（二）旅游资源观的转变

旅游产品的创造依赖于不同形式的资源。传统理论中将旅游资源分为自然风光旅游资源、传统人文旅游资源和社会经济旅游资源。无论是自然的、历史遗留的，还是现今创造的，对旅游者具有一定吸引力的人工创造物都具有成为旅游资源的价值。但随着社会的发展，人类物质生活丰富到一定程度时，其欲望的追求便逐渐转移到精神生活层面。因此，知识经济、体验经济、符号经济等众多以满足人类精神需求为宗旨的经济主题的提出，是对人类社会发展阶段的一种概括。

也有学者指出，资源能否成为旅游资源，其核心点在于能否对游客产生吸引力，只要能够产生吸引力，无论其是有形资源还是无形资源，是物质的还是精神的，甚至只是追逐精神享受的一个过程，均可被称为旅游资源。这样的概括，从表面上看略显宏观笼统，但时代潮流的发展对于旅游产品的需求确实已经达到了这个层面。个性化、多元化、人本化、体验化是当今旅游产品应该体现并满足旅游者的特点。只要是健康的、符合社会伦理的资源，都可以被称为旅游资源，这也是旅游产业同其他各产业，特别是文化产业关联度极强的原因。

因此,旅游资源观的转变使原有的单一的自然风光与人文古迹等旅游资源所形成的旅游产品已经不能满足旅游者的体验需求。对于现今的旅游产品,体验性必须是放在第一位考虑的要素。体验即是对异域文化的体验。自古至今,人类所创造的物质的、精神的一切均称为文化。所以,旅游资源观的转变是旅游产业与文化产业融合发展的内在动力。旅游资源观的转变使旅游者认识到旅游产业融合对旅游资源的丰富所起到的作用,这种观念的发展也促使旅游产业对于旅游产品的开发更具有深度,对旅游产品范围的延展更具广度。

对于多数文化旅游资源富集且具备发展条件的地区,应通过积极开发文化旅游资源促进其保护工作;对于少数生态环境脆弱、敏感的地区,应实行封闭式的保护管理。切实做到有能力开发的就要很好地开发,暂时没有能力开发的就要很好地保护起来,等待后人去开发。那种绝对的保护、所谓纯自然主义的方式,既不利于环境与资源的保护,也不利于旅游业的发展。所以,应该将我国文化旅游资源开发与保护和谐地结合为一个整体指导思想和行动方案,以发展为前导,以保护为支撑,既让当代人致富,又把青山、绿水、蓝天留给子孙后代,这才是真正的、完整意义上的文化旅游的可持续发展。

(三)旅游文化企业间的竞争与合作

从系统论来说,在旅游产业与文化产业的融合中起主导作用的还是旅游文化企业的竞争与合作行为。这里的"旅游文化企业"是整个旅游经济产业系统内的要素,涵盖旅游活动基本要素的各个行业。旅游文化企业的本能是追求最大化的效益,而最大化的效益则来自旅游者最大化的满意度。为此,旅游文化企业必须不断地探索技术的创新和新产品的开发,不断谋求发展与壮大,不断思考如何更好地满足游客的需要,不断在变化的环境中谋求持续的竞争优势。旅游文化企业面对的环境日趋复杂,而旅游文化企业自身的经营行为又使其环境更加复杂。旅游产业融合就是这些竞争中的企业互动发展的结果,它们改变了传统的竞争和行业观念,"竞合"和"跨界"的思想应运而生,形成了相互渗透、相互融合的关系。旅游文化企业所有的行为都源自旅游者的需求,所以说,消费者旅游需求的提高是旅游产业与文化产业融合的根本原因。如果企业没有为这些新需求做出努力,两大产业的深度融合也就无从谈起。因此,旅游文化企业的竞争与合作行为是旅游产业与文化产业融合的主导力量。

旅游文化企业作为旅游产业与文化产业融合的主体,对经济利益的追求是其进行融合的重要动因。文化产业要素的注入提升了旅游资源的品位和内涵,扩大了旅游产品的数量和种类,增加了旅游收入,并促进了旅游业的发展;旅游产业与文化产业的融合使旅游成为文化产业发展的载体,同时,旅游产业的介入也扩大了文化产业的市场空间。

二、旅游产业与文化产业融合发展的外在动力

(一)市场需求的增强

旅游是社会发展到一定阶段出现的产物。随着社会的发展和工业化的进步,人们的闲暇时间日益增多,而工业社会给人们带来的财富也为旅游的出行提供了经济支持。当国家经济发展到一定程度时,随着社会生产力的增强和科学技术的进步,人们逐步从繁杂的工作中解放出来,闲暇时间日益增多,加之人们对于精神生活不断追求,旅游动机便应运而生。

对于旅游市场需求增强的理解,应该从旅游者出游动机增强和旅游者对旅游活动内容及由此获得体验需要的增强等几方面入手。随着经济的增长,闲暇与经济状况允许的条件下产生旅游动机的概率不断提高。与此同时,人们生活观念逐渐改变,对于传统旅游的内容要求自然也会相应提高。走马观花式的观光旅游已经满足不了人们释

放日常工作压力的需要,人们需要一种别样的精神体验和角色互换,实现在现实生活中无法得到的精神享受与追求。人们对于旅游内容个性化、多元化、体验化的追求促使旅游产品开发必须不断创新,从而满足更加多元化的旅游需求,促使与旅游相关的文化资源一改往日的文化表达形式,被赋予普遍价值观,进行二次创造,以迎合市场的高层次需求。因此,旅游需求量的增加和对质量要求的提高对旅游产业与文化产业的融合发展起到了根本的外在推动作用,促使旅游产业与文化产业融合,不断生产出新的旅游文化产品。

(二)文化体制的革新

计划经济时期文化体制的特点是,政府就像一个超级文化大公司,控制着资源并依靠行政权力和强制力手段,通过文化行政机构和文化事业、企业单位的组织体系,对文化生产和消费进行统一的计划、组织、指挥、协调和监督。

我国在改革开放之前不存在"旅游业"和"文化产业"这两个名词,文化以文化事业称谓,旅游则以外事接待为主,两者均无明显的经济意义。文化作为传播民族思想、弘扬传统经典的有效方式受制于体制的束缚,一切文化生产和消费都有计划、有组织地进行。随着改革开放的发展,政治、经济体制的改革不断深入,市场不断开放,文化改革才慢慢显现。

我们可以按五个阶段梳理我国文化体制改革的历程,即文化市场化萌芽阶段(1978—1992年)、文化产业化起步阶段(1993—2002年)、文化体制改革试点阶段(2002—2009年)、文化体制改革攻坚阶段(2009—2012年)、文化体制改革全面深化阶段(2012年至今)。

政府文化体制的改革使产业间的进入壁垒降低,产业的生产范围不断扩大,由此产业间的渗透、交叉和融合成为可能,产业结构趋于优化。而旅游产业与文化产业融合发展源于文化体制改革攻坚阶段及文化体制改革全面深化阶段。也正是基于文化体制的改革，才出现了旅游产业与文化产业的融合发展。这种改革也是两大产业融合的重要外部动力，它促使旅游产业与文化产业融合发展拥有了更广阔的发展空间，也有利于我国传统文化精髓的传承与弘扬。

（三）技术的创新

旅游产业融合的本质在于创新，而旅游创新必须以一定的技术手段为依托。当前，信息技术的发展和创新已成为旅游产业融合的直接推动力，由此引发的信息化成为旅游业融合发展的引擎。

旅游信息化是当前旅游业融合发展的重要特征。在旅游资源整合、设施建设、项目开发、市场开拓、企业管理、营销模式、咨询服务等领域已经广泛应用了现代信息技术，从而引发了旅游发展战略、经营理念和产业格局的变革，带来了产业体制创新、经营管理创新和产品市场创新，改变了旅游产业融合发展的方式，加快了融合发展的深度、广度和速度。比如，积极将网络信息技术、动漫制作技术等引进旅游业，可以创新旅游宣传、营销方式，加快旅游电子商务的应用，催生如旅游动漫等新兴产业的崛起。

（四）其他产业的发展

目前，随着国家经济的发展和社会的不断进步，我国正处于经济转型发展时期，产业发展面临着诸多压力。其他产业与旅游产业融合，一方面是基于产业自身长期发展过程中累积的废弃资源的再利用，以增加产值、提升效益；另一方面是谋求产业更广阔的发展空间和发展方向。其他产业基于自身发展需要而主动与旅游产业进行要素的交流整合，从而促成了融合的产生。一些传统产业基于自身发展的需要，开始与旅游业联姻，实现了本产业的资源再利用，提升了本产业的附加值，使产业链得以延长，本产业的功能置换和创新得以实现。传统产业因为机器设备的老旧与废弃、产能过剩等情况,需要刺激新需求、开拓新市场、开发新产品、培育新业态,而旅游业为其提供了一个新的发展方向和视角,这些产业依托旅游业完成了自身的资源再开发,创造了新价值,提升了产业本身的效益,同时,丰富了旅游业态和旅游产品,延伸了旅游产业链。

三、旅游产业与文化产业融合发展的相互推动力

(一)旅游产业与文化产业融合互动效应分析

融合互动是产业集成的一种有效形式,有助于在产业边缘地带激发出全新的产品,形成互生共赢的多重效应。旅游产业与文化产业可以相互依赖、相互促进、共同发展。所以,在融合发展过程中,旅游产业扩展文化产业发展空间,文化产业拓展旅游产业的内涵和外延。首先,文化产业依托旅游开发,挖掘文化,通过旅游这一载体传承、弘扬文化。其次,旅游产业依托文化资源提升旅游文化内涵,加快旅游业的发展。最重要的是,通过旅游产业与文化产业的融合互动,能够实现文化的附加值,达到两大产业经济效益"双赢"的目的。实际上,两大产业的互动能够充分彰显区域文化,从而实现区域经济的最佳效应。

1. 旅游产业扩展文化产业发展空间

文化产业依托旅游市场,以自己的独特方式和途径逐渐发展,而旅游在这一过程中充当了显而易见的载体。文化通过旅游产业让更多的人对其有所认识和理解,由此促进了文化的发掘与传承,实现了文化资源的保值、增值,甚至是创新,因此旅游是文化发展的强大推力。游客对传统文化的好奇心是旅游中挖掘文化资源的关键因素。要满足旅游者的需求,就得注重对传统文化的传承与保护,让人们更清楚地认识到传统文化的延续与复兴的关键性,从而增强对文化的保护意识,带动文化体制的不断完善。

2. 文化产业拓展旅游产业的内涵和外延

旅游产业与文化产业是相互依赖、相互促进、共同发展的，两者的关系密不可分。从旅游产业的角度来看，蕴含文化因素的旅游产品与其他旅游产品有所不同，更有吸引力，更有市场竞争力。这样旅游产业依托文化产业，不断优化升级旅游产品，满足旅游产业多样化、个性化的市场需求，旅游产业的内涵与外延得到了扩展。

一方面，在旅游产业中注入文化，以文化的创新打造旅游文化产品，使静态的文化资源成为动态的文化旅游产品，从而延续了旅游产品的生命周期。文化的创新设计与文化资源的动态展示提高了资源产品的吸引度，提高了旅游效益。最明显的是，文化的引入提升了旅游产业的文化内涵，文化产业的介入不断扩展旅游产业的外延。

另一方面，旅游产业具有明显的季节性，而且经常受气候的影响。这是阻碍旅游产业发展的一个突出问题。在这种情况下，可以通过文化产业产品的介入解决此问题。文化是旅游的灵魂，能提升旅游的层次，关键是要走内涵式发展道路。只有在文化产业与旅游产业的融合发展上寻找突破口，将提升文化内涵贯穿到旅游发展的全过程，才能改变游客走马观花式的传统观光旅游模式，促进旅游产业提质升级，从而实现由门票经济向旅游目的地建设转变，增强旅游地的核心竞争能力。

（二）旅游产业与文化产业融合发展的相互作用

旅游和文化如同人的身体和灵魂，没有文化的旅游，则失去了灵魂魅力；而没有旅游的文化，则失去了发展形态和活力。旅游产业和文化产业在本质上都具有经济性和文化性，在实际发展中，它们也密切关联、相互促进。总体而言，旅游产业对文化产业的发展具有引导和扩散作用，而文化产业对旅游产业的发展则具有渗透和提升作用。

1. 旅游产业对文化产业具有引导和扩散作用

通过旅游的引导和扩散作用，区域文化得以彰显，以游客作为载体与外地文化进行交流和传播扩散；旅游的发展为文化资源的整合、开发提供指导思路和依附载体，可充分挖掘和整合区域文化资源，促进区域文化产业结构体系不断形成并完善，进一步促进其规模化与市场化，还可促进民族文化和历史遗产的延续与弘扬，实现文化保护与开发的良性互动。

2.旅游产业能促进文化资源的开发、保护与交流

文化资源的历史性、时代性、无形性和脆弱性等特点注定了其发展的艰难性，需要外在的辅助条件。无形的历史文化和有形的文物遗迹很容易遭到现代文明的冲击而失去其原有的光芒，也容易受到自然环境的侵蚀而残缺不全、光辉不再，此外，随着时代的发展，其价值也会不断地被忽视和淡化。面对文化保护和发展这个严峻问题，政府出台了一系列保障文化发展的相关政策，并从财政上加大对文化开发与保护的投入，呼吁社会公众增强文化保护意识并参与其中。但是，财政投入的资金相对有限，对社会公众的调动作用有限，不能完全满足实际需要，文化资源的开发与保护仍旧是文化产业发展的"瓶颈"。我国漫长的历史积累了丰厚的文化资源，其历史悠久、种类多样、内容丰富、独具特色，具有强大的吸引力。在当今旅游兴盛的时代，将文化资源开发打造成符合现代市场需要的旅游产品，具有巨大的经济价值；随着旅游产业的发展，文化资源的开发利用能带来可观的经济收入与较高的社会关注度，这又能为文化资源的保护提供充足的资金支持与社会重视。因而，旅游产业的快速发展可以解决我国文化保护与发展面临的严峻问题。

（三）文化产业对旅游产业具有渗透和提升作用

文化是旅游的灵魂，没有灵魂的旅游是空洞无味的，会给人散漫的感觉，不易长期吸引游客的兴趣。我国有五千年的历史，历史文化和文物古迹丰厚；我国是多民族国家，各民族的居住具有小聚居、大杂居的特点，其民俗风情、建筑风格、宗教信仰不尽相同，这些都为我国旅游产品的生产提供了多样化的旅游资源类型和深厚的文化

底蕴，对国内外游客具有强大的吸引力。

　　文化虽是静态的、无形的，但是具有强大的精神魅力。随着人们科学文化素养的不断提高，人们对于文化的渴求也日益增加。越来越多的人的旅游目的之一便是追求不一样的文化体验，拓宽视野和知识面，旅游中文化的魅力越来越大。以前，我们只能通过文字、口耳相传等方式来了解古代的、异域的文化；现在，随着科学技术的发展，高新技术手段能够将隐性文化显性化、静态文化动态化。旅游产业因为文化的不断渗透而能够制造出更为丰富和更具魅力的文化旅游产品，打造更具市场吸引力和竞争力的旅游景区。

　　传统旅游景区往往拥有丰富的历史文化遗迹等文化资源，而身处其中，游客只是静态观赏和听导游解说，不能直观地感受和领悟，这种旅游方式已不能充分满足游客的需求。随着文化产业自身的发展及与旅游产业的融合，根据市场游客的需求，可借助现代科学技术手段，将传统文化资源进行梳理和整合，融入新的创意，改变传统的以静态文化旅游产品为主的状况，打造立体的、动态的、多样化的文化旅游产品，提升旅游产品的文化内涵和档次，将文化精髓更有效地传达给游客，满足其精神文化需求。

第六章　旅游产业与文化产业融合发展的手段

第一节　旅游产业与文化产业融合发展的资源整合手段

旅游产业与文化产业的融合发展是产业发展的必然趋势，有利于国内经济效益、政治效益、社会效益、文化效益和生态文明效益的提高，有利于旅游产业、文化产业乃至整个第三产业的可持续发展，符合国家建设和谐社会的要求，对于国内经济转型发展、建设美丽中国都有重大意义。实践证明，旅游与文化在融合过程中出现的瓶颈必须寻找合适的途径打破，实现二者顺利融合，以此带动旅游产业、文化产业以及旅游文化产业的快速发展。

所谓资源整合是指由一方发起，联合另一方或多方的整合，其突出特点是基于共生机理，以互利作为出发点，共同联合、努力获取和组合新资源。旅游资源与文化资源整合具有三层含义：其一，旅游资源与文化资源整合是产业资源从无序到有序、从固定到互动、从对立到统一的过程；其二，旅游资源与文化资源整合是产业资源按照有序化、高级化、规律化的要求结合为更完整、更和谐的一体化系统；其三，旅游资源与文化资源整合范围宽广，包括市场资源整合、营销资源整合及政策资源整合等方面。从资源整合内涵不难看出，旅游资源与文化资源整合可有效改善两大产业融合深度和广度欠缺的状况：通过对管理体制、政策条件等方面的资源进行整合可以建立高效畅通的融合通道，解决融合过程中机制不畅通的问题；通过对狭义上旅游资源与文化资源的整合,可以解决旅游资源和文化资源的分散问题。由此,借助资源整合实现旅游产业与文化产业融合发展是可行的。

鉴于此,以资源整合实现旅游产业与文化产业融合的路径就越显重要,整合路径直接决定整合效果,影响融合效益。本书以旅游产业"十四五"规划建议为指导思想,按照支撑大产业发展格局的要求,结合大作品展现、大集团运作、大景点支撑、大服务引领、大会展集聚战略的思想,依托交通网络和城镇体系布局,根据旅游规律,结合国内文化产业与旅游产业资源的类型、分布及优劣势等,提出了几大整合途径。

一、以规划整合带动资源整合,实现旅游文化产业融合良性发展

旅游与文化资源的整合不仅仅是小区域内的排列组合,还是全国在旅游与文化整体发展规划下进行的整合。规划整合就是在已有成熟线路基础上,达成"大点带小点,长线引短线,宽面分窄面,大圈带小圈"的规划思路。大点与小点是以景点的等级及价值为区分点,大点即精品线路中的世界遗产或国家4A级以上旅游景点,而小点指地域性的旅游文化景点;长线与短线是以线路在交通上的可进入性以及线路上景点的价值为区别,长线指连接处于主要交通干线上的或者价值较高的景点的旅游线路,短线则指连接处于次级交通干线或小点的旅游线路;宽面与窄面、大圈与小圈主要是指以旅游景点与旅游线路结合形成的旅游网络的大小。因此,旅游的规划整合实际上就是对"点、线、面"的整合,即旅游中经常出现的"点轴"思路。点的选择至关重要,是整合的基础。整合过程既是"大化小"的过程,又是"小成大"的过程。这就要求在规划时以大点为基础,结合同级大点成为长线和大面,同时以大点为中心,整合同类文化内涵相似或者互补的小点资源,形成一个个以中心为辐射点的小圈,最终形成"大圈带小圈,小圈促大圈"的互动格局。

以山西为例,晋中民俗文化旅游资源丰富且集中,可以作为一个大面来整合。在

"一核一圈三群"的城镇化推进思路中，太原承担着举足轻重的作用，晋中地区多数县市成为核心区域的承担者，而在太原都市圈的规划思路中，这些地区亦不可或缺。晋中地区最有特色的便是以"敢为天下先"为依托的晋商文化及其相连的富商大院文化，而知名度较高的则是省会城市太原及世界文化遗产平遥古城。太原是山西省会城市，平遥古城是世界文化遗产，因此将太原与平遥作为晋中地区的大点，搞活中部，辐射全省是可以尝试的。对于太原，可以结合晋祠开发晋、赵文化，而且赵文化的开发可以与河北联合起来，形成联动区域。对于平遥，可以结合晋中大院的情况，按照旅游产业规模化、集群化发展的要求，打造民居古建旅游走廊和大院文化旅游长廊。

对于晋东南，可将旅游文化资源与自然景观相结合，打造"绿古游""红古游"及"红绿游"。以长治太行山大峡谷为例，对该景点采取省际联合，扩大太行地域风光的影响度，形成黄河和太行风光的主题旅游文化。此外，在更大范围内与南部的临汾和运城结合发展，晋城的炎帝陵、临汾尧庙、运城舜帝陵庙、运城关帝庙等景区恰好组成晋南寻根祭祖游核心。同时，晋东南地区有着丰富的神话传说，如女娲补天、大禹治水、后羿射日、精卫填海、愚公移山等，以这些传说为景点的文化之魂，构建一个神话文化旅游区，向人们展现文学中的上古神话。

借助以上思路，在旅游产品的开发方面可以结合不同游客的需求偏好和旅游层次来开发特色旅游线路，比如：针对中小学生推出"探险游""农乐游""红色游"，重点培养中小学生的动手意识和爱国意识；针对大学生推出"探险游""文化游"，以此来满足大学生喜欢刺激的需要，同时培养文化意识；针对老年人推出"民俗文化游""宗教文化游"，来满足老年人的特色需求；针对情侣推出"爱情文化游"，主推运城永济《西厢记》的发生地以及牛郎织女传说的发生地；针对区域内游客推出时间较短的"一两日游"，针对国内游客推出"三五日游"；针对欧美游客主推"宗教文化游"和"古建文化游"，而对东南亚游客则主推"根祖文化游"和"关公文化游"；针对不同学者推出"考古游""遗址游"等。在规划创新方面,尤其是农耕文化旅游资源的发展,可以从日本农田画作设计中得到启发,将传统的文化因素与文化符号巧妙融入农耕设计中,实现实践和理念的创新。

总之,借助"大带小,小促大"的思路,辅之以"多层次需求,个性化设计"的思想,依托骨干线路建设,充分发挥优势,开发出专业性强、消费档次高、大小各异、长短不一的专题旅游线路,以此促进旅游产业与文化产业融合的良性发展。

二、以核心产业整合支撑产业,构建旅游文化产业融合发展平台

借鉴魏小安(2006)、郑胜华(2008)、弓志刚(2010)等对休闲产业的分类,依据旅游产业与文化产业内部各行业与旅游消费的关联程度及产品属性,可将旅游文化产业分为核心产业与支撑产业。其中,核心产业是直接为旅游消费者提供旅游服务的文化旅游企业群,如文化旅游景区、文化旅游演艺业等。支撑产业是为核心产业提供物质支持、交通和各类支撑服务的相关企业群,如交通运输业、文化工艺品制造业、餐饮业、金融服务业等。

核心产业与支撑产业是共生的关系,相互促进,互为支持。核心产业的发展需要针对性的支撑产业,支撑产业的完善又需要核心产业做引领,二者循环促进,共同发展。具体而言,就是要结合核心产业的特点及要素,以其为指导来发展支撑产业,最终实现核心产业与支撑产业共赢的局面。以核心产业整合支撑产业,就是要根据核心产业的需求去安排相应的支撑要素,构建核心产业良好发展的平台。

以核心产业整合支撑产业,主要在于运用文化旅游产业的带动作用来整合相关基础设施产业。即通过文化旅游的扩散效应带动交通业、住宿餐饮业、旅游产品制造业等产业的发展,不断完善文化旅游产业"吃、住、行、游、购、娱"的综合功能。

可以看出,旅游产业与文化产业融合后的核心产业,在整个产业循环发展链条中

通过辐射扩散的循环影响,将其产业优势辐射传递到相关产业链上的各个支撑产业中,尤其促进了"食、住、行、购、娱"等产业的发展。具体体现在以下方面。

(一)依托文化旅游方式,全面提升购物水平

例如,在山西旅游开发中,鼓励通过根祖文化、红色文化、晋商文化以及宗教文化等旅游景点开办前店后场式生产加工服务,在各区域内培养一批展示民俗民风的高水平特色工艺作坊,研发一批具有地方特色、文化含量高、技术含量足的旅游工艺品,提高购物消费水平。

(二)借助文化旅游业,重点发展特色餐饮

例如,在河南旅游开发中鼓励通过弘扬河南面食文化,突出豫菜特色,在旅游景点开办旅游饭店或开辟专用餐厅,突出各地餐饮的个性原料与特色文化,挖掘各地的传统餐饮名吃及烹饪工艺,打造一批特色强、营养高、叫得响、能致富的餐饮特色产品和品牌,统一标志,统一品牌形象,统一菜品,统一价格,以旅游风味餐的形式推向国内外市场。

(三)以文化旅游为主,加快发展大众娱乐

国内丰富的旅游资源之所以还未转化为资源优势,原因之一在于缺乏活文化,资源的表现形式仅仅是静态的、不可参与的,因此要开发参与性、趣味性强的文化娱乐项目,挖掘国内民俗文化中最具代表性的娱乐文化元素,将其创新开发成传统内涵深厚、雅俗共赏的文化娱乐产品,要突出开发更多能够代表地方文化的娱乐大戏,形成系列产品,以此吸引顾客亲身参与、体会。通过"娱"的加强,丰富文化旅游内涵,彻底打破门票收入的局面,带动相关产业发展,展示文化旅游魅力。

(四)以旅游文化为主,积极培育新型旅游业态

文化旅游业只有与其他旅游业态相结合,树立大区域、大旅游的思想,才可以更

好地发挥其联动效应。因此，要培育发展观光旅游、采摘旅游、休闲度假旅游、商务会展旅游、工农业旅游、体育赛事旅游等新型旅游文化业态，根据不同游客的偏好及品位，形成多层次、多形态、多品牌的旅游文化产品体系。

（五）以旅游文化效益带动公共服务水平，加强基础设施建设

旅游文化产业的旁侧效应是指借助前期旅游文化带动基础设施建设，进而后期促进旅游文化加速发展。国内城市及农村旅游文化产业的配套服务设施功能不健全，具体表现为基础设施建设不均衡，景区服务管理水平相对滞后，旅行社品牌效应不强、不大，信息咨询、外币兑换、国际通信、信息标识等服务尚不能适应国际化标准和市场需求，多语种导游服务、高技能管理人才缺乏等问题还普遍存在，制约着旅游产业与文化产业的融合发展。因此，加强旅游文化地公共服务水平，引导服务业的业务范围及功能向旅游文化地拓展都是必要的。

总而言之，为了促进旅游产业与文化产业融合发展，在"吃、住"环节，继续规范餐饮业和酒店服务业的服务标准，提高服务质量；在"行"环节，加强交通方面的基础设施建设，改善旅游交通环境，加大民航、铁路、高速公路等基础设施建设，加大交通干线和景区道路的生态环境建设，以增强景区的可进出性；在"购"环节，进一步加强旅游购物和景区娱乐在内容、形式、数量、质量上的发展；在"游"方面，继续加强景区旅游电子政务、旅游电子商务、旅游服务中心、标牌解说系统、自驾车服务体系、旅游厕所、旅游图片库和信息库、旅游金融服务等项目的发展；在"娱"方面，加快建设有地方特色的大型娱乐项目，如主题文化公园、故事演绎文化园等；在其他方面，要加强建设旅游医疗、旅游环境、旅游安全等保障体系，最终为旅游产业与文化产业的融合发展构建良好平台。

三、以不可移动的资源整合可移动资源，实现有形与无形的旅游文化产业融合

旅游资源与文化资源是否可移动与其是否有形紧密相连。一般认为，不可移动的旅游资源和文化资源以物质为载体，而可移动的则常以非物质为载体，不管是物质的还是非物质的资源，可以通称为旅游文化资源。可移动非物质旅游文化资源本身具有小、散、乱的特征，在整合开发中具有与生俱来的劣势，资金匮乏、经济发展、民俗流失等都会造成其传承的间断；而不可移动的旅游文化资源由于其物态性质，可以长期存在发展，可以旅游资源和文化资源的形态传承，但如果内涵开发不够则会制约其发展。结合二者特点可知，借不可移动的旅游文化资源整合可移动的旅游文化资源，能很好地解决非物质旅游文化资源因非物化形态而难以传承、物质文化遗产因内涵开发不够而难以发展的缺点，二者的整合可以实现相互促进、相得益彰。

要实现有形和无形的整合，就要通过主题展示及非物质文化遗产文萃园的形式，将民俗项目和动态活动有机结合起来，增加旅游者的参与性，变普通的观光旅游为丰富的体验旅游。具体做法如下。

（一）以不可移动的名胜景区整合可移动的非物质文化资源

一些可移动的非物质旅游文化资源单独开发不一定构成旅游影响力，达不到较高的经济效益，此类遗产资源可以依附于名胜景区来整合，使两者都形成一种融合与互动的效应。这类模式适合民间文学类、民间音乐类、民间舞蹈类和民俗类遗产。以山西为例，在司马墓景区展现著名的"司马温公神道碑"；万荣飞云楼景区表演万荣笑话，展现万荣的民俗；在普救寺的莺莺塔景区展现董永传说、牛郎织女传说，在感受崔莺莺和张生的爱情的同时，也可以感受牛郎织女爱情神话。五台山佛乐可依托著名的五台山佛教圣地进行表演，恒山道乐则可在道教圣地恒山进行表演，特色服饰资源可以依托平遥古城摄影大赛、举办山西模特大赛，也可以在晋商大院景区中得以展示。这样，

人们在旅游的同时可以顺便欣赏、了解这些非物质文化遗产，还可以对相应的旅游资源产生深刻印象，借此提高游客对国内旅游文化资源的整体认识。

（二）以物质文化遗产为载体，建立文萃园，整合可移动文化资源

通过建立文萃园，将一个区域内重要的可移动物质文化资源纳入园中，在园中按一定时间进行展示、展演、销售等活动。国内可移动的非物质文化效应，种类繁多，地域差异大，因此在区域内可以考虑建文萃园，各地按区域文化来展现当地的民俗和技艺。以山西为例，晋南区可以在运城建立文萃园，运城与陕西接壤，经济发展水平较高，非物质文化遗产较多，仅山西申请的第一批非物质文化遗产民间文学 7 项中，就有 5 项属于运城。因此，在运城建立文萃园，展示晋南当地的民俗与技艺是值得实践的。对于晋中而言，民间手工艺和传统技艺多，有些甚至驰名中外，如平遥推光漆器煤饰技艺、老陈醋传统酿制技艺、月饼制作技艺等，因此可以通过文萃园展示这些技艺的精湛，游客通过体验、参与、品尝达到一种互动。此外，还可在文萃园表演传统体育、游艺与杂技，如晋中市的心意拳、太原市的风火流星等，这样不仅可以吸引游客的眼光，形成互动，也可以展现当地的民俗风情。

（三）借助工业旅游，整合开发可移动的非物质文化资源

国内具有很多独特的工艺和技艺，这些成为发展工业旅游的条件。鉴于这些原因，国内目前已经形成很多有影响力的工业旅游区。以山西为例，山西杏花村是中国白酒源头，拥有丰厚的酒文化底蕴。目前，杏花村内有汾酒古作坊和太符观两处国家级文物以及汾阳王庙遗址、灵岩寺遗址、葫芦峪遗址、新石器遗址、原始水打磨遗址、狄育墓等众多文物古迹；汾酒博物馆收藏了商朝以来的 1300 余件酒器、酒具和文物，以及歌赋诗文 3000 余篇，书法墨宝 2000 余件。杏花村生态旅游产业园区也已成功规划。另外，山西省的醋文化底蕴深厚，东湖醋、水塔醋、紫林醋等知名品牌已经享誉中外。

清徐县作为全国"醋都",其独有的清徐老陈醋酿制技艺已经成为山西省首批推荐的中国非物质文化遗产,基于醋文化的醋业旅游也已初步成为新的旅游方式。酒文化、醋文化的兴起,为山西省工业旅游的发展提供了良好的契机。不难看出,工业旅游的发展以丰厚的本土文化为前提,因此借助工业旅游来整合可移动的非物质文化遗产旅游资源是可行的。

这种形式适合整合民间美术和传统的手工艺类非物质文化遗产旅游资源。具体来说,首先要形成手工艺行业,建立工业旅游园区,借助工业旅游的形式扩大国内特有文化的知名度和影响力;其次,企业在生产加工产品时,可以在美术品上附着产品文化简介、粘贴或内赠与之相关的非物质文化遗产简介的小画册以及可以物化的非物质文化遗产样品等;最后,商场和购物中心也可以通过促销宣传、互动参与来扩大技艺的知名度,深化其文化内涵。总的来说,工业旅游是整合非物质文化资源的一种方法,这使得游客在观光的同时,可以亲身体验和了解中国传统手工技艺,进而了解中国文化。

四、以文化资源整合旅游资源,促进旅游文化产业融合发展

文化与旅游的融合发展不仅是景点文化内涵的挖掘,还应该是在资源整合驱动下的产业资源的整合。因此,通过对文化与旅游两大产业内部的各个分支部分进行整合,可以达到全面整合的目的。

(一)影视传媒业、节庆会展业与旅游资源整合

旅游产业与文化产业的交互融合程度直接影响着旅游文化产业发展的高度,二者相互依托,相互渗透。借助以下几个方面来整合旅游资源会有一定的整合效果。

一方面,借助大众媒体来整合非物质文化遗产资源。这需要借助电视这一比较立

观的媒体，通过广告电视作品或拍摄专题纪录片来直接展现其现状。这适用于商品类遗产，如剪纸作品、醋、酒、平遥牛肉制作技艺和传统中医养生等。杂志作为一种比较有效的宣传方式也应该被考虑。据调查，境外游客了解旅游资讯的主要手段除口头传递之外便是杂志和网络，因此尽可能地邀请外国旅游杂志的记者与编辑，并将一部分广告经费投放于有影响力的旅游杂志是必要而且可行的。至于网络对旅游的作用则更是显著，所以加强多功能、多语种旅游网站的建设，通过图片和视频等来展示旅游资源至关重要。

另一方面，借助影视作品或节庆会展等媒体事件来整合现有物质文化资源或已经转化为旅游资源的非物质文化遗产资源。影视作品对旅游文化资源的影响不容忽视，可以有效发掘资源文化内涵，提升文化品位。以重视作品形成的影视文化凭着自身强大的娱乐功能与宣传效应，吸引观众前去影视拍摄基地游览，回忆和体验故事中主人公的行为经历，印证故事片段的发生地。同时，影视作品对旅游地的展示时间较长，这会对潜在旅游者形成身临其境的刺激，使其转化为现实旅游者。以山西为例，《乔家大院》《大红灯笼高高挂》等影视剧火爆播映的同时带来了乔家大院旅游的繁荣。因此，创造文化内涵丰富、反映山西民俗特色的影视作品，将旅游目的巧妙融入影视内容，邀请知名影视人来旅游资源目的地拍摄，以定点及巡回的方式进行演出，对于扩大旅游地的知名度具有重要意义。

（二）艺术品、工艺美术业与旅游业的产业资源整合

目前，国内旅游业的发展忽视了旅游需求的不同层次，所开发旅游产品缺少层次性、多样性和特色性。而国内文化产业消费不足，很多传统技艺的传承发展受到资金制约未能继续。因此，艺术品、工艺美术与旅游业的融合可以解决这些问题。例如山西省政府将工艺美术行业划归省文化厅管理后，工艺美术与旅游业的融合更显必要，融合的实质即借助相对成熟的旅游业市场平台开拓文化消费市场，不断丰富文化产品

的层次及内容，在更大范围内促进工艺美术业的发展，形成文化产业与旅游产业共同发展的双赢模式。

首先，要大力开发具有区域标志文化元素的旅游工艺品或民间艺术品，通过旅游市场的大力推广，通过文萃园的辐射效应，让这些具有地域特色的文化符号成为游客的"必购品"，成为省际、国际对山西的"印象品"，成为民间文化交流的"必需品"。这不仅促进了文化交流，加深了旅游印象，也为工艺美术业的传承和发展提供了所需的资金，提高了旅游业的经济效益，同时带动了工艺美术业蓬勃发展。如山西剪纸通过中国（广灵）剪纸节活动，传播了广灵特色文化，使广灵剪纸以旅游纪念品的形式走出山西、走向世界，有效地挖掘、抢救、保护和发展了剪纸艺术，使其由濒临失传变为蓬勃发展的朝阳产业。其次，区域政府应该以文化节、国际摄影展等重大节庆活动为发展契机，在节庆期间推出精品旅游线路，做好媒体宣传活动；要以节庆活动为突破口，推进区域标志性旅游工艺品的开发，对国内的剪纸艺术、美术陶瓷、花画工艺品、抽纱刺绣工艺品、民俗工艺品、雕塑工艺品等传统工艺进行积极的市场推广，扩大中国文化及旅游在国内外的知名度。

（三）休闲娱乐业与旅游业的产业资源融合

旅游产业是吃、住、行、游、购、娱六要素俱全的产业体系，总体来看，国内旅游产业链条中普遍存在着"购""娱"两大功能不足的"短板效应"，产业延伸不够，辐射作用不强。

很多景区存在"娱乐项目少、购物环境差、特色商品少、收费价格高、参与程度低、游客兴趣不足"等问题。因此，要将文化产业中的休闲娱乐业与旅游产业进行深度融合，要用文化要素充实旅游业的娱、购功能。应变普通的观光旅游为丰富的参与性旅游，调动游客的积极性，吸引游客。在具有情景开发价值的景区，如在乔家大院、平遥古城、莺莺塔等景点，让游客白天进行景点观光，晚上观赏艺术表演，身临其境地体会景区源远流长的故事,从而提升旅游品位,增加旅游趣味性。通过这些来扩大旅游产业规模,延长产业链条,促进上下游产业的发展。要积极借鉴国外其他地区文化资源与旅游资源融合的实践经验,建设一批集旅游、文化、购物、娱乐、休闲于一体的旅游文化景区和文化旅游主题公园。在强化旅游功能配套的同时,整顿不合理文化,融入时尚文化,合理开发娱乐休闲项目,将历史与现代有机结合,营造让游客流连忘返的文化旅游项目,进而促进国内产业结构调整,拉动国民经济又好又快地发展。

五、以大景区整合分散资源,实现旅游文化产业集群化发展

大景区是指文化内涵浓厚、规模较大、级别较高(一般为4A以上)的景区,一般包括世界文化遗产、国家4A级以上景区等。借助大景区的静态效果来对分散文化资源进行移植整合,实现旅游产业与文化产业集群化发展,以此实现旅游产业与文化产业的深度融合。依据产业集群理论,国内不少区域的旅游产业与文化产业具备集群条件。一是旅游企业具有聚集特征,对于各旅游区域而言,其竞争力的大小来自各个旅游相关行业及企业的共同努力,在旅游区域或者旅游景点,旅游相关利益群体所进行的空间上的集聚满足旅游产业与文化产业集群的首要条件。二是聚集在旅游目的地的企业之间存在着密切的产业联系,即旅游目的地企业间存在知识和信息共享。可以看出,国内各旅游区域的利益相关群体不仅包括当地旅游景点的基础设施提供者,还包括当地居民在内的一系列相关者,如旅行社、旅游产品供应商、旅游宣传部门等,这些相关利益者在信息上的共享以及行为理念上的共识可以促进当地旅游的健康可持续发展。三是旅游区域具有创新动力。即使在同一区域内,旅游资源也比较分散,旅游观念滞后,与发达国家相比,具有较大差距,因此落后地区的旅游文化发展具有创新的动力。

六、以大集团整合中小企业，提高旅游文化产业集聚度

国内旅游产业和文化产业融合发展后的新产业，具有的最明显特征是产业集中度低，缺乏具有代表性的旅游文化企业。以山西为例，2014年统计显示，旅行社行业中，营业额不足100万元的占59%，营业额在1000万元的仅占3%。全国旅行社百强中，山西省无一家上榜，这在很大程度上削弱了山西旅游企业在国际、国内旅游市场上的竞争力，也制约着全省旅游业的整体发展。与西安市相比，山西省旅游文化产业收入在各地区额度分配上呈现均衡分布，这在一定程度上也显示了山西省旅游文化产业集中度较低的问题。因此，提高国内旅游产业和文化产业集中度是必选之举，而提升方法之一便是以政策倾斜为动力，推动国内旅游产业集团化，进而借助大集团运作获得发展。

借助大集团运作、整合中小企业，具体到实践中，一是要鼓励以资本为纽带的旅游、文化企业间的合作，实现优势互补、市场共享，培育龙头旅游文化企业；二是要在市场准入方面降低门槛，消除恶性竞争；三是在资金方面要继续加大对旅游文化企业的资金支持力度，对经济实力一般的企业给予资金支持，通过政企合作、股权投资、发行旅游债券的方式，完成旅游文化龙头企业的打造；四是对旅游文化企业存在的所有制结构问题，要突破原有观念，通过各种资本结合方式，形成以公有制为主体，多种所有制并存的体制（山西省煤炭资源整合在这方面的"优进劣退、大进小退"的整合思想可以作为经验效仿）；五是在税收方面，要根据国家政策具体落实税收优惠幅度及范围，对于发展潜力大的企业免征营业税或少征营业税；六是在政策方面要继续遵循大集团运作的思想，着力营造良好的软环境，构建投资服务支撑体系，通过这些举措来培育旅游文化龙头企业，推动旅游产业与文化产业融合的深度。

七、以跨区域合作整合文化旅游资源，促进旅游文化产业融合发展

旅游资源与文化资源具有很强的分散性和互补性，一个地区旅游产业与文化产业融合发展只有拓展至更大的区域范围内才会有突破性进展。以山西省为例，借助中部地区其他省份的发展，通过与其进行合作，打造跨区域旅游文化圈更有意义。2010年12月，太原与合肥签订旅游合作协议书，开启了新的合作；2011年1月，晋豫陕"黄河金三角"旅游区域协作会议中，各方表示要围绕黄河文化，打造"旅游金三角"，共享区域合作利益；同时太原市和渭南市旅游局共签建立友好旅游合作关系的协议书，以"资源共享、信息互通、客源推介、交通互联、营销互动、互惠互利"为原则，共建两市无障碍旅游区。这些都可以看出，通过跨区域旅游合作整合省内外文化资源、促进旅游产业与文化产业融合发展不仅可行，而且已经有所成效。因此，相关部门应从以下两方面着手。

一方面，加强资金利用，招商引资以求发展。不少省份被确立为综合配套改革试验区，这一政策对于各省资金的流入有着重要的意义。在政策的指导下，各省应深入挖掘旅游资源的文化内涵，加大旅游活动的文化含量，通过各种手段来提高国内旅游产品的品位和格调，打造出对游客具有文化吸引力的旅游文化产品，利用自己的旅游文化资源优势来吸引各地的投资资金，以此促进区域经济发展。

另一方面，在资源上实现共享和互补。整合过程中要充分发挥地域特色，求同存异，不断加强与周边省市的合作，以邻为伴，与邻为善，挖掘人脉关系、经济联系、文化源流等，加强与其他地区的旅游区域合作，实现旅游产业与文化产业的共同发展。在实践中，可以将国内各地区不同文化景观按照比较优势理论及区位理论进行分配，进行差异化开发和发展，形成各具地方特色及文化底蕴的子文化旅游带，增加彼此之间文化旅游资源的依赖度。同时，借助便利交通、金融合作、景区合作、文化共性等要素打造区域无障碍旅游文化圈。

第二节　旅游产业与文化产业融合发展的市场整合手段

市场整合理论是在实践中不断发展和完善的，而旅游市场和文化市场整合理论也不断演化和发展。旅游产业与文化产业融合发展的市场整合手段可以细化为：旅游市场与文化市场的空间市场整合、旅游市场与文化市场的营销阶段整合和旅游市场与文化市场的时间整合。接下来将对这三种市场逐一进行阐述。

一、旅游市场与文化市场的空间市场整合

众所周知，旅游产业与文化产业融合发展会形成一个新的产业——旅游文化产业，在旅游文化产业领域所生产的产品即旅游文化产品。旅游市场和文化市场的空间市场整合是研究某一旅游文化产品市场价格变化对另一旅游文化产品市场价格变化影响的程度。从理论上讲，在完全竞争的假设下，处于不同区域的市场之间进行贸易时，某产品在输入区的单价等于该产品在输出区的价格加上单位运输成本，如果输出区的价格变化会引起输入区价格的同样方向和同等程度的变化，则称这两个市场是完全整合的。空间市场整合通常可分为长期市场整合和短期市场整合两种。长期市场整合指两个市场的价格之间存在长期的、稳定的联系，即使这种长期均衡关系在短期内被打破，最终也会恢复到原来的均衡状态。短期市场整合指某一市场上该产品价格的变化会立即在下一期引起另一市场上该产品价格的变化，它反映了市场之间产品价格传递的及时性和价格反映的敏感性。如果某个国家的任何两个市场之间都是整合的，则称这个国家的市场是整合的或一体化的。实际上，任何一个国家的市场都不可能完全整合，完全整合是一种理论上的状态。

二、旅游市场与文化市场的营销阶段整合

营销阶段的整合是指不同营销阶段的整合，主要研究同一商品在某营销阶段的价格变化对下一阶段价格变化的影响程度。如果某商品在不同营销阶段的价格满足"下一阶段价格＝上一阶段价格＋营销成本"，则此营销阶段之间是整合的。如批零市场整合，即某商品的批发市场和零售市场之间的整合。

所谓旅游市场与文化市场的营销阶段的整合，是指旅游文化产品不同营销阶段的整合，主要研究旅游文化产品在某营销阶段的价格变化对下一阶段价格变化的影响程度。如果旅游文化商品在不同营销阶段的价格满足"下一阶段价格＝上一阶段价格＋营销成本"，则此旅游文化产品的营销阶段之间是整合的。

三、旅游市场与文化市场的时间整合

市场的时间整合主要研究某商品的先期价格变化对后期价格变化的影响程度。当满足"后期价格＝现期价格＋储藏费用"时，则称为时间整合。

所谓旅游文化市场的时间整合是指主要研究旅游文化产品的先期价格变化对后期价格变化的影响程度。当满足"后期价格＝现期价格＋储藏费用"时，则称为旅游文化市场的时间整合。

第三节 旅游产业与文化产业融合发展的营销整合手段

营销整合的概念源于管理学。在管理学领域，营销整合所要解决的关键问题是企业与外界的融合问题，即在整合基础上实现与竞争者"和平共处"，让消费者高度满意。现将营销整合视为旅游产业与文化产业融合发展的手段，则是指以游客为中心，对不

同地市、不同资源的相关营销因素进行重组，统一旅游与文化的发展目标，统一区域或地区文化旅游的整体形象，以此来传递给国内外游客文化旅游的综合信息，实现吸引游客的目的。笔者认为，旅游文化企业的营销整合主要从几个方面来展开。

一、景点营销整合

就单一景点来说，要从内部提高旅游文化景点的文化内涵，根据不同地区的特色资源及重要营销事件来构思不同的营销方式。

（1）对于国际公认、知名度高的优秀旅游资源，如平遥古城、清明上河园、云冈石窟、张家界森林公园等，可以遵循"大景点支撑"的理念，在发展时直接把现实的旅游文化资源开发成旅游产品，并保持其原貌，形成精品旅游景区，构成国际旅游文化体系中的尖端旅游文化产品。

（2）对已失传的传统文化，可以按照历史记载，挖掘题材，恢复历史面貌，以人造景观的方式历史再现民族文化。山西襄汾"丁村古村落"便适合这种模式，通过仿照当年格式的建筑及民俗，向游客表演如何使用原始农具耕作、原始车船运输等古老的传统习俗以及各种民俗，再现了当年远古人类劳动和风俗习惯，以此来吸引了大量国内外游客。

（3）对一些传统民俗节日和历史事件的发生地，可以借助具有一定时效性的旅游事件，构成区域文化旅游活动的时间多样性，借此进行整合。如通过举办牛郎织女旅游文化节、峨眉山国际旅游节等营销事件进行旅游营销。

（4）对于包公祠一类的文化景点，可以在旅游旺季特别是"五一""十一"黄金周以及民俗节假日，由文化传播公司联合承办节庆演出，并与新闻媒体紧密结合进行广告造势、亮点宣传，重点突出大宋包公文化，依据影视宣传来扩大知名度。如开封连续多年举办"菊花节"，利用这个独创性载体，通过新颖的系列文化活动以及与国内外游客的交流，大幅度提升开封古城的知名度和美誉度，同时让国内外游客了解开封，关注开封，从而提升开封的经济和社会效益。另外，近年来开封影视剧发展迅速，成果显著，借助《包青天》《少年展昭》等影视剧为开封的旅游业发展进行宣传造势也渐露成效。

（5）对于一些民间文学的发生地景区，可以采用情景营销方式进行整合。即在旅游过程中给游客塑造一种小场景，使顾客身临其境地感受到自己成为情景中的一个角色，打造"角色融入式旅游"。或者以拍电影的形式将旅游地的文化做成剧本，角色由游客来饰演，制成简短的电影片段，向游客收费后，由其自己保管。在这方面可以尝试的景区有《西厢记》故事的发生地运城永济、牛郎织女传说的发生地和顺县、赵氏孤儿传说的发生地阳泉等，这些地区均可以借助旅游文化节庆，利用这些美丽的传奇故事，通过互动参与的方式，以一种人们喜闻乐见的鲜活的形式来吸引游客。通过这样的营销创新，既可以增加旅游地的吸引力，又使游客感觉充实，提高整合效益。

（6）从游客层面来讲，鉴于游客对文化旅游的热衷逐步升温，因此应结合游客的需求进行分门别类的文化旅游开发及营销整合。有调查表明，游客群中男女比例相当，因此在资源的开发和项目的设置上应该注重男女游客的统筹兼顾；游客群的年龄比例以青壮年（18~34岁）为主，老年人也占据相当大的份额，因此在旅游路线的设计上应该主动迎合这部分游客的需要，分层次分群体进行营销；游客群的职业构成上，教师、学生以及企事业单位工作人员占据主要地位，因此应该侧重于对学生群体的营销，加大对学术游及探秘游等新兴路线的宣传，同时针对这一群体推出比较便利和优惠的旅游路线；在旅游方式上，自助游和自驾游逐渐成为主流，因此应该加大对自助游和自驾游等基础设施的建设。总之，从游客的需求和特点出发，进行针对性的宣传和旅游促销意义重大。

二、区域整体营销

就不同地区之间的营销整合而言，主要是对营销方式、营销人才的整合。中国地大物博、人口繁多，各地区在经济发展、交通网络、资源禀赋方面各有差异，地域之间的营销整合主要是以旅游产业与文化产业为核心点，建立有效的营销服务平台。在营销理念方面，各个地区要保持一致理念，致力于将中国打造成为全国旅游文化基地，在类似及互补资源方面要坚持营销方式与资源存在方式求同存异的观念，通过有力的宣传促销来创造强有力的旅游文化品牌；在营销环节上，要与旅游文化产品的开发紧密相扣，使得游客充分参与强力旅游文化品牌，体验品牌的多层次、多样性，同时通过营销方式的整合及旅游文化产品的设计，满足游客的层次化、定制化、特殊化旅游需求；在营销人才上，要加强国内各地区以及省际旅游营销人才的合作与交流；在营销方式上，要借鉴运用分类营销、捆绑营销、有奖营销及季节营销等新型营销方式，使营销宣传的旁侧效应最大化。通过这些举措真正达到营销资源共享、营销人才共创、营销创意共思、营销效果共喜的整体营销整合局面。

第四节　旅游产业与文化产业融合发展的政策整合手段

一、政策整合概述

旅游产业和文化产业在我国国民经济与社会发展中的重要作用受到中央政府的高度重视，旅游产业和文化产业融合发展已开始融入国家经济社会发展战略体系。

政策整合是政府为改变产业间的资源分配和企业的经营活动而采取的政策，旅游产业和文化产业政策整合实际上是政府为了实现一定时期内特定的经济与社会发展目标而制定的针对旅游产业和文化产业发展的许多相关子政策的总和。政府一般通过制定政策整合来有效地对旅游经济进行干预。通过制定符合本国国情的旅游和文化产业政策，国家能有效地提升旅游和文化业的国际竞争力，促进旅游产业和文化产业的可持续性发展。健全我国旅游产业与文化产业的政策融合的必要性主要表现在以下方面。

（一）符合国家产业发展的重点

从经济产业特征和发展前景来看，健全我国旅游产业和文化产业政策整合符合我国产业政策制定纲要的工作重点方向。旅游产业与文化产业是朝阳式的产业，正处于新兴发展阶段，发展后劲十足。国家把旅游和文化产业确定为第三产业的重点，明确将其作为第三产业中"积极发展"类产业重点发展。

（二）符合经济发展的客观要求

旅游业和文化业的发展能扩大内需，这是不庸置疑的。从发挥旅游业和文化业扩大内需的功能来看，加快制定政策是必然的选择。把旅游业与文化业确定为国民经济的新增长点，这种提法就是在旅游业和文化业扩大内需潜力的基础上论证的。为了实现我国经济的快速、持续增长，加快制定旅游产业和文化产业的政策也是发展市场经济的客观要求与必然选择。

（三）符合旅游业与文化业本身的特点

旅游业与文化业的融合具有依托其他行业及与其他行业有很大的关联性等特点，它的发展会涉及许多部门和行业，需要各个部门之间的有机合作，往往某一个旅游部门或者某一级政府是不能完成的，需要通过国家的产业政策加以宏观指导，这也是确保国家对旅游业和文化业发展有效推动和调控的手段。

（四）政策制定具有现实可能性

目前，我国制定产业整合政策的条件已经成熟。实践中，我国旅游业和文化业发展的方向性、原则性、趋势性问题已经比较明确，这些有利条件决定了我国出台旅游产业和文化产业的政策整合具有现实可能性。虽然各地方政府纷纷出台了发展本地旅游业的若干政策，国家也制定了一些相关的政策，但我国还没有出台一整套关于旅游产业和文化产业的政策。

（五）政策制定具有现实必要性

旅游业和文化业发展速度相对缓慢，不同地区之间更是悬殊。基础设施的制约因素大范围存在，旅游业与文化业的整体效益难以得到发挥，国内知名的品牌产品少，市场竞争力不强。旅游业和文化业融合程度低，产业结构有待调整完善。相应的旅游产业和文化产业发展的政策滞后，也没有配套出台融资、技术、税收等方面的优惠政策等。另外，旅游与文化管理机构行使职权缺乏强有力的法律支撑，一直是制约我国旅游产业和文化产业发展与国际水平同步的瓶颈问题。我国颁布实施的相关法规还远远不能满足现实需要，地方性的相关法规往往与其他行业的管理内容杂糅在一起，因而管理部门在对行业主体进行管理时无据可依。

二、旅游产业和文化产业政策整合策略与政府调控思路

（一）把握旅游产业和文化产业政策制定的主体

首先，发挥政府的主导作用。充分发挥政府的指导、引导和倡导作用，为旅游产业和文化产业的发展创造良好的社会、经济、文化和自然生态环境。旅游业与文化业的高效持续发展需要政府对其进行规划、规范、指导和控制；要发挥各级政府部门、职能部门的领导调控作用，同时需要处理好各级政府与企业及市场间的关系；要明确旅游产业和文化产业的管理主体、管理权限，防止管理混乱、令出多头的现象；要形成产业调控能力，加大政府导向性投入，广泛地调动起全社会投资发展旅游产业和文

化产业的积极性。总之，通过政府的调控，资源可以得到有效的配置，从而保护旅游企业和文化企业的经济利益。随着我国政治体制与经济体制改革的深入，政府主导型产业势必会产生转化，演变为政府指导型、政府协调型产业。

其次，企业层要深化改革。按照市场经济要求，要改革旅游与文化企业体制，积极推进多种形式的产权制度改革，搞活中小企业。一方面，走集约化经营道路，调整旅游与文化企业结构，实现跨地区、部门、行业的集团化大型企业、专业化中型企业、网络化小型企业的企业格局，创新企业的经营模式。另一方面，积极吸引国际资金、社会资本。要使民营资本进入旅游与文化行业，参与开发建设与经营，建立多元化投入的市场运作机制。

最后，根据比较优势理论，加快培育旅游企业竞争力，增强竞争意识。

（二）探索完备的旅游产业政策体系

根据市场的发展需要，国家制定和完善旅游和文化政策，明确旅游与文化经济的发展方向，指导旅游与文化经济的全面发展。这些政策主要包括以下方面：一是产业定位政策问题。即要明确旅游与文化业在国民经济中的地位，这是一切具体政策的源头和根本。二是产业导向政策。即旅游与文化业发展所应坚持的原则和方向。三是产业市场政策问题。明确和强调市场导向的观念，是市场经济对产业政策的基本要求。四是产业布局政策。产业布局的宏观调控政策的目的和作用主要是调整结构、转变增长方式。其中包括经济结构调整、产业结构调整、产品结构调整等。五是产业投入政策问题。国家应鼓励社会各方面对旅游与文化业的投入，贯彻"五个一齐上"和"内外资并用"的方针。六是产业组织政策问题。国家应要求加强旅游与文化市场主体的培育，为旅游与文化企业创造公平竞争的发展环境，实施适合经济特点的产业组织政策。七是产业保障政策问题。旅游产业和文化产业政策的有效实施，在很大程度上取决于保障手段。支持旅游与文化部门贯彻实施好产业政策，应以法律、法规等形式保证产业政策的实施。

（三）完善旅游产业政策的立法程序

产业政策制定过程实际上是各方面、各部门利益主体知情、表达意见和利益博弈的过程，在立法的过程中要坚持公开、透明、民主、参与的基本原则。首先，针对目前产业政策立法起草的主体单一、部门的利益倾向严重等突出问题，在实际的政策制定中要采取多部门联合草拟方式，形成良好的利益表达机制。其次，在政策操作中，要对项目的可行性和必要性论证。吸收公众的参与，做好调研，应将该立法的背景、意义、目的、目标、进程、方案选择、总体内容，以及公众、专家参与的方式、途径、程序、具体办法等在一定的范围内进行公告，在公告期间要保障公众能充分表达其意见。最后，建立立法的跟踪评估机制，保持对立法全过程的监督，保证立法机构及时修订和矫正法律法规自身所面临的一些缺陷，进一步改进立法工作，不断地提高立法的质量。

（四）形成旅游产业国际合作与竞争的政策支持环境

随着我国旅游业与文化业国际地位的不断提高，国际合作与交流日益加强。我国积极参与世界旅游组织和地方旅游组织的各项活动，不断走向世界，不断地扩大与主要客源国的交流。通过国际合作，交流发展旅游产业与文化产业的经验，在实践中，能够借助对方的力量来克服自己的不足，加速旅游产业与文化产业发展的进程；通过国际竞争，也可以培养较高素质的旅游产业与文化产业，从而进一步完善本国和地方的旅游和文化市场，为旅游产业和文化产业的健康、长期成长奠定基础。我国要加强对国际交流合作的政策支持力度，积极创新与外国企业的合作方式，支持本国旅游企业参与国际市场的竞争并给予必要的资金、人才等方面的支持。旅游产业和文化产业政策内容和形式也应该体现出这种政策导向。当然，需要注意的是旅游与文化市场的开放是一个渐进的发展过程，要避免政策支持力度不够而造成旅游产业和文化产业不能适应激烈的市场环境，过早地成为衰弱产业。

第七章 乡村旅游与文化产业融合模式与发展机制

第一节 乡村旅游与文化产业融合发展模式概述

模式是指某种事物的标准形式或使人可以照着做的样式，是解决某一类问题的方法论，即把解决某类问题的方法总结归纳到理论的高度。基于概念的模式与基于现象总结的模式不同，前者依据概念本质的区分而进行界定，后者则主要基于某一类现象特征的总结而进行区分。基于概念的模式在类型划分上具有概念本质区分性和完备性，体现了不同模式之间在概念内涵上的本质区别，同时涵盖了所有的实践现象。因此，基于概念的模式研究更具有理论价值和实践意义。理论上能够更加深入地认识概念的本质特征，实践上能够针对不同模式下的现象提出相应的指导建议。目前，乡村旅游与文化产业融合的概念研究仍处在对融合本质的探索中，实践发展也存在着政策指导的盲目性。因此，基于概念模型构建的乡村旅游与文化产业融合模式研究更加具有理论必要性和实践重要性。

一、乡村旅游与文化产业基于概念模型的融合模式的界定

基于概念模型的乡村旅游与文化产业融合模式的划分应该突出同一融合模式下乡村旅游与文化产业融合现象和融合本质的相同性，不同融合模式下旅游文化产业融合本质的区分性。基于此，本书对乡村旅游融合模式的界定如下：由于乡村旅游中的旅

游内容跨越了它与文化产业之间的产业边界，而对融合产业链进行改变最终形成旅游文化新业态的过程称为乡村旅游的主动融合；由于文化产业中的无形要素跨越了该产业与乡村旅游之间的产业边界从而改变乡村旅游链，最终形成新业态的过程称为旅游文化产业的被动融合；如果乡村旅游与另一产业融合过程中同时出现乡村旅游与文化产业的主动融合和被动融合的原因、过程和结果称为旅游文化产业的互动融合模式。乡村旅游的主动融合体现了乡村旅游改变文化产业链的过程，乡村旅游的被动融合则主要体现了文化产业改变乡村旅游链的过程，而乡村旅游与文化产业的互动融合则体现了乡村旅游与文化产业相互改变产业链的过程。

二、乡村旅游与文化产业基于概念模型融合模式的作用

（一）体现了乡村旅游与文化产业融合本质原因、过程和结果的统一性

乡村旅游与文化产业融合模式已有研究中主要是套用产业融合理论的相互交叉、相互渗透模式及基于产业链的横向拓展、纵向延伸及交叉渗透模式。这些融合模式并没有基于乡村旅游与文化产业融合本质原因对模式内涵进行分析，因此无法体现乡村旅游与文化产业融合的本质特征。由于没有一定的模式界定标准，有些模式之间甚至存在着相互交叉和重叠的现象。脱离融合本质原因的乡村旅游融合模式界定在内涵上无法体现融合的本质，在内容上无法概括所有的融合现象。这些乡村旅游融合模式研究仅仅体现了乡村旅游与文化产业融合过程中的相互作用形式，并没有对不同作用形式下的融合结果进行界定。融合本质原因、过程和结果是乡村旅游融合发生、发展和结束的演进脉络，乡村旅游融合模式应体现本质原因、过程和结果的统一性。基于概念模型的融合模式体现了乡村旅游与文化产业融合发生、发展和结束的过程，基于融合本质原因的不同对不同的融合过程和结果进行了分别界定。同一模式下的乡村旅游与文化产业融合有相同的融合原因、过程和结果，而不同的融合模式之间体现了融

合特征的本质区别。基于概念模型的乡村旅游与文化产业融合模式避免了脱离融合本质的融合模式概括，不仅对不同类型的融合现象进行了总结，而且体现了融合的本质特征。

（二）准确识别乡村旅游与文化产业的可行性

乡村旅游边界虽然具有不确定性，表现出极易与其他产业融合特征，但是这并不能代表乡村旅游可以与所有的产业进行融合。基于概念模型的乡村旅游与文化产业融合模式基于融合的本质原因对不同模式进行了区分，因此也明确了乡村旅游与文化产业在不同融合模式下应该怎么进行融合。乡村旅游与文化产业主动融合时，被融合的文化产业需要具备吸引游客的特征和成为旅游文化资源的可能性，然后旅游服务才能基于该旅游资源对该产业进行旅游服务功能的延伸融合。被动融合时，乡村旅游需要具备主动融合文化产业无形要素的应用平台，才能使文化要素渗透到乡村旅游从而实现乡村旅游的创新。因此，在政策制定上可以首先提倡乡村旅游主动与旅游开发价值高的文化产业进行融合，同时促进与乡村旅游具有较广泛的融合要素应用平台的文化产业与乡村旅游进行融合。这样的政策导向既能避免全面开展乡村旅游与文化产业融合的盲目性，又能提高融合的绩效。

（三）完全掌握乡村旅游与文化产业融合中改变与被改变的过程

基于概念模型的乡村旅游融合模式主要体现了不同融合模式下乡村旅游与文化产业、文化产业改变乡村旅游或乡村旅游与文化产业相互改变的过程。乡村旅游主动融合中，首先是基于文化资源平台延伸旅游服务形成新型旅游文化产品，然后基于该产品不断地衍生出其他的相关文化旅游产品，从而改变了原产业产品开发和销售环节，实现产业链的转变。因此，针对主动融合模式下的乡村旅游融合现象，应基于新型旅游文化产品，积极开发相关的衍生旅游文化产品，从而促进乡村旅游对文化产业的改变过程，加快乡村旅游与文化产业主动融合的实现过程。乡村旅游被动融合时，主要需要寻找文化融合产业的无形要素在乡村旅游得以应用的共用平台，应积极促进文化产业要素在乡村旅游所有具有该应用平台的环节得以应用，从而扩大文化产业对乡村旅游的创新绩效。乡村旅游与文化产业互动融合实现了乡村旅游与文化产业融合产业间的相互改变。因此，乡村旅游改变文化产业的产业链时应基于相关资源载体积极开发旅游产品，同时，扩大文化产业无形要素的应用平台。

（四）重新认识乡村旅游与文化产业的融合结果

乡村旅游与文化产业融合模式的已有研究中并未将融合结果与过程和原因联系起来分析，只是提出新产业或新业态等创新形式的出现。因此，无法辨识出乡村旅游不同融合模式下的融合结果的不同。乡村旅游与文化产业融合模式有不同的创新结果，体现了不同的融合绩效，脱离融合模式的融合结果进行分析容易导致融合绩效的夸大。基于概念模型的乡村旅游与文化产业的融合模式研究将融合过程和结果结合起来分析，能够更好地辨识不同融合结果产生的原因和过程，并能基于不同的融合阶段重新认识乡村旅游与文化产业的融合创新的形成过程。主动融合初期主要是旅游文化产品的产生，被动融合初期则主要体现在部分功能模块的创新，互动融合的融合结果兼具主动融合和被动融合的创新成果。

（五）进一步阐释了乡村旅游与文化产业融合的概念内涵

目前，乡村旅游与文化产业融合研究尚未形成统一的概念体系，急需从融合的本质原因出发对概念进行重新梳理和构建。脱离概念本质的乡村旅游与文化产业融合模式研究仅仅停留在现象的总结层面，无法正确把握乡村旅游与文化产业融合的本质特征。因此，并不能促进目前乡村旅游与文化产业融合理论研究的发展。基于概念模型提出的乡村旅游与文化产业融合发展的模式在理论上概括了乡村旅游与文化产业融合概念的全部内涵,在实践上对目前的乡村旅游与文化产业融合现象进行了归类和总结,因此能够进一步地理解乡村旅游与文化产业融合的本质特征,同时更好地指导未来乡村旅游与文化产业融合的发展。

(六)明确了乡村旅游与文化产业融合发展的实践方向

目前的乡村旅游与文化产业融合理论研究尚不成熟,并不能正确指导实践中产业融合的发展。理论研究中对乡村旅游与文化产业融合本质特征的把握不准导致了实践中促进乡村旅游与文化产业融合深度不够的现象。基于概念模型的乡村旅游与文化产业融合模式对不同模式下的融合本质原因、过程和结果进行了明确界定,加深了对乡村旅游与文化产业融合模式下的前提条件、产业链的改变过程和融合创新结果的理解,因此能够明确指导乡村旅游与文化产业融合实践发展的方向。

三、乡村旅游与文化产业融合发展模式类型

乡村旅游与文化产业融合作为一种特殊的经济文化现象,是两大产业发展到一定阶段时必然面临的产业转型升级的客观要求。乡村旅游与文化产业融合,旅游因为文化的渗透而变得丰富多彩,富有品位;文化因为旅游的开发而变得生机勃勃,富有活力。关于两者的融合模式有很多,笔者认为当前流行且切实可行的模式主要有政府引导型、市场主导型、旅游带动型、文化带动型和文旅一体化。

(一)政府引导型模式

本书认为政府引导型模式主要应围绕政府、政策和环境展开。

1.转变政府角色

为了促进乡村旅游与文化产业的融合发展,政府的角色转变需要体现在以下几个方面。

第一，政府要为乡村旅游与文化产业融合发展创造良好环境。这包括为促进两大产业融合发展而制定相关政策和法规，同时还要制定政策规范知识产权市场。

第二，政府要为乡村旅游与文化产业融合放松产业管制。这包括为促进乡村旅游与文化产业融合发展而改革传统管制、体制及政策，以此来逐渐消除我国目前乡村旅游管制模式当中的行政垄断、条块分割等阻碍乡村旅游与文化产业融合发展的不良现象。

第三，政府要为乡村旅游与文化产业融合发展出台相应的产业政策和技术政策。这包括为促进两大产业融合发展而改革政府规制机构、规制政策，加强激励性和社会性规制的深入改革，发展高新技术并强化其在乡村旅游与文化产业融合发展当中的重要作用。

2. 提供政策支持、法规保障和管理协调

鉴于政府在乡村旅游与文化产业融合中扮演的不同角色，本书构建了基于多角度的政策支撑体系。

（1）在政策支持方面

政府要通过打造相应的平台并提供优惠政策和资金支持，来引导和推进两大产业的融合发展。第一，打造旅游平台。政府应建设"文化创意产业园区"、举办"节庆展会"活动，为乡村旅游和文化产业的融合发展创造有利条件。第二，制定优惠政策。这主要包括提供发展政策、土地流转政策和税收等优惠政策，来扶持乡村旅游和文化产业的融合发展。第三，给予资金支持。政府应设立和筹集不同性质的资金并培养企业对资金有效利用的能力，并加大自身对资金统筹和运营的能力，通过加大支持力度来促进乡村旅游与文化产业的融合发展。具体方式有成立产业融合基金会，并设立包括会展基金、动漫旅游发展基金、影视旅游发展基金、旅游演艺发展基金和旅游电子商务发展基金在内的多种专项基金。

（2）在法律保障方面

以文化创意产业与乡村旅游的融合发展为例，二者的融合是通过创意思维进行要素整合、主题策划和产业创新的结果，这种融合模式和创意成果的突出特点是极易被模仿和复制，因此法律要采取有效措施来对创意成果进行有效保护。具体而言，不仅要保护创意成果本身，还应包括由其衍生的知识产权、版权、专利权和商标权。只有这样，政府才能通过对知识产权的有效保护，来形成促进乡村旅游与文化创意产业融合发展的法律环境和竞争环境。

（3）在管理协调方面

政府作为乡村旅游与文化产业融合发展中的协调者，应该做到以下几点：首先，要厘清管理体制、消除多头管理和行业壁垒，即改变目前旅游景区景点同时分属旅游局、林业局、文物局和园林局管理的复杂局面，消除不利于乡村旅游与文化产业融合的政策规制；其次，要重设管理机构、加强统一管理，即要在各相关部门抽调一定的人重新创建一个新的机构——目前的文化产业园区管委会，使其对乡村旅游与文化产业融合项目行使统一审批、规划、管理和服务等职能，从而为乡村旅游和文化创意产业的融合发展创造有利的政策环境和服务保障。

3. 形成产业融合共识、营造发展环境

目前，在乡村旅游呈现无边界特征、产业发展出现新融合趋势、旅游需求呈现新特征、旅游发展遭遇新瓶颈的前提和背景下，旅游行政主管部门要形成产业融合的共识，即文化产业对乡村旅游的发展具有渗透和提升效应，而乡村旅游对文化产业的发展具有引致和扩散效应，因此产业融合是两大产业转型升级、实现跨越的内在规律和必然趋势。

在形成这种产业融合的发展观念的基础上，要培育文化产业与乡村旅游融合发展的有利环境，形成产业融合所需要的"激活思维"，加强企业间的合作并依托网络技术为文化企业和旅游企业提供"资讯、交流、营销、商务、交易"的综合产业平台,为乡村旅游与文化创意产业融合创造直接合作机会。只有这样才能源源不断地为乡村旅游提供具有独特卖点和核心竞争力的文化创意旅游资源,并最终促进两大产业互动共生地融合发展。

从旅游开发者的角度看,其追求更多的是经济效益。然而过度追求经济效益不仅影响旅游者的旅游体验,而且在一定程度上破坏历史文化遗产。我们的政府应该积极倡导以人为本,更加注重旅游者的旅游体验。因此,依托旅游市场发展文化产业、保护与弘扬民族历史文化不仅是可行的,而且是必需的。文化的价值在于延续,在于依托旅游市场发展文化产业,要避免文化的变质。旅游与文化的结合、乡村旅游与文化产业的融合中,政府以监护者的身份协调保护与开发,宏观调控产业经济效应。旅游的主体是旅游者,要让游客在旅游中正确认识旅游地文化重要性,从而加强保护文化遗产的意识,而不能随心所欲地破坏文化遗产。而旅游地与旅游者沟通的工具是旅游解说系统。通过旅游解说,游客准确地理解、认识、欣赏文化,传承弘扬文化,进而实现保护文化的目的。

(二)市场主导型模式

1. 提高大众认知力,引导旅游消费

在当今旅游消费需求日益提升的背景下,对于乡村旅游和文化产业而言,培养具有一定数量和水平的消费群体,不仅可以扩大基础消费市场,同时还能引导并参与创意的形成和生产转化。为保持乡村旅游和文化产业融合持续、健康、稳定地发展,在目前的乡村旅游和文化产业已融合的文化乡村旅游领域内,可以通过以下三种途径来吸引更多的旅游消费者。

第一,培养旅游大众的认知能力并提高其对旅游文化产业的接受程度。当前随着我国的数字网络技术的高速发展和人民生活水平的不断提高,网络服务方式日渐成为

培养旅游大众的重要途径，这对提升旅游创意产品认知力和接受力具有显著效果。因此，旅游文化业可以与新闻出版社、印刷服务业相结合，通过建设数字广播电视信息平台、博物馆、虚拟图书馆、数字电影放映网络系统和文化旅游在线高峰论坛等高科技手段远程指导旅游者。这种方法很大程度上培养和拓宽了消费者对国内历史文化特色的了解和对旅游文化产业的认知，这为旅游文化产业的多元化和普及化发展提供了强大的驱动力。

第二，挖掘旅游消费者的需求变化，开发符合其心理需求的旅游文化产品。发展旅游文化产业实际上是通过引导旅游文化消费需求来倡导开拓新的消费空间、培育新的消费群体，以此实现通过深层次旅游消费拉动经济稳步增长的长远目标。因此，国内的新型旅游文化产品和项目开发，应从旅游者的角度出发，根据其需求层次和认同感的差异，有针对性地设计和生产不同类型的旅游创意产品。在内容上，通过整合两大产业资源、营造旅游文化氛围，设计生产和营销推广集文化性、艺术性、实用性、附加值于一体的旅游商品或工艺品、纪念品；在形式上，通过改造博物馆、环城公园等富有历史感和文化气息的地方，运用创新理念和高端技术，策划并打造出集旅游观光、休闲社区、度假房产等新颖的乡村旅游形态；以此来更好地满足旅游者不断提升的需求心理，同时开拓新的消费市场，创造更大的产业价值。

第三，设立旅游服务咨询处，引导旅游者正确选择和参与相适应的旅游活动。以开封为例，根据《开封市人民政府关于开封市支持旅游业发展的若干意见》，要支持旅游综合服务中心项目建设和旅游信息咨询服务网络体系建设。这就是指开封在2012年至2015年，市政府安排一定资金，用于引导开封市旅游综合服务中心，城市东、南、北入城口三个旅游综合服务分中心，以及市内商务区游客服务中心项目建设；同时，要在市区内火车站、汽车站、游客主要集散地及旅游景区周边设立旅游信息咨询服务点,至 2015 年底,建成覆盖新老城区、数量不少于 20 处服务点的旅游咨询服务网络体系。

这样市民就能通过相关旅游服务来参与社区旅游一体化的建设,从而形成强烈的市民参与旅游发展的意识,有利于形成乡村旅游与文化产业融合发展的良好氛围。而且随着旅游者需求的不断提高,旅游资源的范畴也在不断拓展,按照李天元编著的高教版《旅游学概论》(第六版)对旅游资源所做的分类,居民好客精神也属于社会旅游资源的一个重要类别,因此乡村旅游与文化产业的融合发展不仅能为两大产业的融合发展提供了更广阔的发展思路,而且能够促进当地居民参与到社区旅游一体化的建设当中来,通过相关旅游服务形成与旅游者的良性互动。

2. 开发文化旅游产品,挖掘文化旅游需求

旅游有不断扩展的庞大市场,把文化产品打入旅游市场,可以不断宣传推广文化产品从而加快文化产业的发展。这就是所谓的产业融合。但是融合不能盲目地打造销售产品,而是应该根据市场需求一点点地推进。乡村旅游与文化产业的融合一定要根据市场,找出融合的契机,才能充分发挥市场的资源配置作用。只有以市场为导向的产品是有消费市场的,这样的产品才是满足消费者需求的产品。

在产业融合中企业是载体。旅游消费者的需求具有多样化、个性化的特点,而企业为了提高经济效益,必须生产满足市场需求的新的旅游产品。这种新的高端旅游产品就是旅游与其他产业融合的产物。尤其是文化旅游产品是乡村旅游与文化产业融合产生的。所以,乡村旅游、文化产业的相关企业通过交流与合作,取长补短、共享市场,形成较为完善的融合产业。

新创意会衍生出无穷的新产品、新财富、新市场和新商机。创意产业的源头是鼓励新创意的产生,因此,激发旅游者新的消费欲望和购买潜力是新创意的市场基础。发展旅游文化产业,培育新的消费群体,实际上是立足于顾客价值创造、挖掘消费新

需求、倡导开拓新的消费空间进而实现消费拉动经济的增长模式。

旅游文化产品的消费因其消费内容主要是观念价值而属于精神需求产品。消费者的心理需求有极大的潜力和空间，是马斯洛的需求层次理论的题中之义。因此，最大化考虑并激发和挖掘旅游文化需求，便成为从顾客价值创造的角度设计和生产产品的必然要求。同时，还应根据消费者的需求层次的差异和价值认同的差别，有针对性地开发旅游文化商品或创意旅游小品，通过不断创新旅游文化产品来激发消费者的潜在需求，从而实现创造新需求、获得新财富的双种目的。

（三）旅游带动型模式

旅游带动型融合模式可分为主动融合模式和被动融合模式，而乡村旅游与文化产业融合发展属于主动融合。乡村旅游主动融合模式的特征主要表现为以下几点。

第一，乡村旅游融合的本质原因是旅游服务跨越产业边界及被融合产业中能使旅游服务得以应用和扩散的资源载体，因此乡村旅游主动融合中的被融合产业需要具备有形的资源载体才能与旅游服务这一无形要素结合起来改变被融合产业的产业链及产业功能。

第二，乡村旅游主动融合初期主要是基于原有产业的资源要素形成了新型的旅游产品，基于该产品数量的丰富和质量的提升逐渐形成了满足旅游者旅游六要素需求的其他衍生旅游产品。随着原有产业链中产品生产环节的改变，资源开发与产品销售环节也发生了根本的变化，从而改变了原有产业的产业功能，形成了新型旅游业态。

第三，乡村旅游主动融合早期阶段表现为旅游新产品的生产，后期逐渐发展为旅游新业态的产生。旅游新产品及新业态丰富了目前乡村旅游的产品体系，改变了原有资源观对旅游开发和规划的限制。

基于旅游带动型主动融合模式特征的分析，本书提出旅游带动型主动融合模式下乡村旅游融合发展的相关建议，以期更好地指导实践中旅游主动融合现象的发展。

1. 改变旅游资源观，鼓励乡村旅游与文化产业主动融合

乡村旅游与文化产业主动融合时，文化产业需要具有吸引游客、开发利用、产生效益的特征，三者构成其成为旅游资源的可能性，然后旅游服务才能对该产业进行旅游服务功能的延伸融合。在国务院和国家旅游局有关文件精神的指引下，全国各地的乡村旅游与文化产业融合发展掀起了新的热潮，除了早已遍地开花的工业旅游和农业旅游以外，旅游地产、旅游演艺、旅游装备制造、旅游电子商务、影视旅游等也得到了迅猛发展，乡村旅游与文化产业融合领域大为拓展，融合深度也有所加强。在乡村旅游主动融合中，国家相关政策已经在积极倡导乡村旅游对文化产业的融合，在融合对——文化产业的选择上不能过于盲目，要基于乡村旅游融合的理论基础，有选择、有步骤地开展乡村旅游融合。政府改变旅游资源观促进乡村旅游与文化产业融合时，需要对共用资源要素进行辨识，主要选择开发可能性大且吸引力大的资源。政府在改变资源观的同时也需要注重旅游者的需求。当旅游活动从传统观光向休闲度假和体验旅游发展时，旅游者的需求已不再是具备单一观光功能的旅游产品，而是满足其参观游览、休闲度假、娱乐体验的多种旅游需求的综合性旅游文化产品。基于对旅游者需求的把握从而改变旅游资源观，具有针对性和市场可行性。已有的观光类旅游产品不再对旅游者产生足够吸引力，政府可以针对旅游者的需求将一些文化资源及民情民风等资源开发为旅游产品，推进乡村旅游与文化产业的融合。旅游资源观的改变能够拓宽乡村旅游融合的文化对象，充分利用旅游资源，进而实现乡村旅游与文化产业融合的发展。

2. 开发旅游相关产品促进乡村旅游与文化产业主动融合

乡村旅游与文化产业主动融合期间，首先是基于文化资源平台延伸旅游服务，形成新型旅游文化产品；其次，基于该产品不断地衍生出相关旅游产品，从而改变原产业产品设计、开发和销售环节，实现产业链的转变。旅游相关产品的开发要以被融合

文化产业中的资源载体为基础，否则容易导致旅游新业态失去被融合文化产业的产业特色。在乡村旅游对农业文化的主动融合中，餐饮产品的开发应以绿色饮食、农家餐饮为主，住宿产品的开发应基于农村住宿文化资源体现农业旅游特色，旅游商品的开发也应以农业文化产品或农村手工艺文化产品为基础。以被融合文化产业资源为基础的旅游相关产品的开发与核心产品一起形成旅游新业态的旅游新产品体系，从而更好地体现融合新业态的特色，更好地满足游客的需求。

3. 因地制宜，促进乡村旅游主动融合

政府在对乡村旅游与文化产业融合的相关政策制定上，虽然应该大力提倡和引导，但是仍然需要注意因地制宜、因时制宜。乡村旅游与文化产业主动融合中对被融合文化产业的选择主要取决于该产业中的文化资源基础。我国各地区的文化产业各具特色，并不是所有地区都适合乡村旅游对文化产业的主动融合。近年来，海南省创意推出博鳌亚洲论坛，实现了旅游与论坛的成功融合，青海省积极打造环青海湖自行车赛事，实现了旅游与体育的成功融合。因此，旅游与文化产业主动融合中应结合不同地区的优势产业和特色产业，有针对性地选择被融合文化产业的相关资源。

（四）文化带动型模式

1. 文化旅游节庆会展融合模式

文化旅游节庆会展融合模式是指发生在具有紧密关联的不同产业之间，使得原本各自独立的产品或服务在某一共同利益的刺激下，通过节庆会展的形式重新组合为一体的融合模式。节庆会展融合模式最突出的代表就是通过节庆和会展来实现两者的融合，主要借助于各种节庆展会平台吸引大量人流、物流与信息流，从而带活举办地的旅游经济。丹东中朝经贸文化旅游博览会已成功举办两届，博览会主要包括商品展示交易、国际经贸论坛、文化交流、旅游合作四大板块，朝鲜民族艺术团为博览会奉献了艺术盛宴，朝鲜的人民艺术家创作的美术作品也参加了展出，来自朝鲜的精品美食更让人们大饱口福。此外,博览会还首次推出工业旅游项目,游客可体验手表制造过程,为丹东乡村旅游增添了新亮点。丹东通过展会的形式,让外界了解朝鲜的风土人情,同时提升了丹东在国内外的知名度。

2. 文化驱动旅游融合模式

文化驱动融合是指以发展文化为目标,以赋予了创新文化的旅游产品为媒介的融合模式。通过文化驱动融合,使旅游产品被赋予新的精神内涵和更多的市场竞争力,以此形成新的融合型产业体系。

文化驱动模式严格控制在文化产业和乡村旅游范围之内,以文化产业为引领,主要是文化创意产业延伸到乡村旅游。

3. 文化旅游圈融合运作模式

这一模式是一种集约化的经营开发模式,是指为了获得最佳经济效益、社会效益和环境效益,以文化旅游资源为核心组成的具有一定地理范围的协作和集聚区域,对区域内的文化要素和旅游要素进行有机整合和集约包装,再以某种载体集中展示给游客,其最终发展目标是本土文化旅游圈内交通和通信联系网络化、文化旅游资源开发利用集约化、旅游经济发展规模化、旅游接待规范化等,如文化主题公园、文化旅游村、文化博物馆等就是运用此种模式。该模式的成功运营将有利于整合旅游圈内文化旅游资源,促使圈内各功能区的旅游功能更为合理,实现文化旅游资源优势向文化旅游竞争优势的有效转化,这对于具有良好文化旅游资源禀赋的地区来说是最优的选择。如张家界利用民族文化打造大型歌舞史诗《魅力湘西》,通过文化创意策划吸引世界眼球,成功跻身国家文化产业示范基地名录,被盛赞为"旅游文化演艺经典"。这标志着世界自然遗产地武陵源风景区的文化乡村旅游又迈上了一个新台阶。

4. 实证分析：凤凰文化产业对乡村旅游的主动融合

(1) 凤凰古城文化产业的发展

湖南凤凰古城，被新西兰著名作家路易艾黎称赞为中国最美丽的小城。它有着悠久的历史、铺着青石板的大街小巷、民族特色的吊脚楼、苗族的银饰文化及服装文化、美丽的沱江风光和极具民俗风情的篝火晚会，与此同时，又通过政府主导、市场运作、公司经营、群众参与的方式将湖南凤凰打造为天下凤凰，因而凤凰的乡村旅游逐步形成。2001年，黄龙洞投资公司接手后，在"凤凰不仅是凤凰人的凤凰，也不仅仅是湖南的凤凰、中国的凤凰，而是天下人的凤凰"的理念指引下，实施了"文第凤凰、画笔凤凰、镜屏凤凰、音乐凤凰、名人凤凰"系列宣传活动，通过名人、名城、名山、名水、名风情效应，宣传推介"天下凤凰"，提高凤凰知名度。2003年，凤凰举行首届"南方长城中韩围棋对抗赛"，以后每两年一场的"人为棋子地为盘"的世界著名围棋大师对决，吸引了众多眼球：这一年，由著名音乐家谭盾创作并担纲指挥的大型音乐水上演奏晚会在沱江河畔举行。2004年，10多名著名歌唱家来到凤凰，以凤凰为题材的歌曲在古城唱响。2006年，香港凤凰卫视高层、节目主持人以及中国以凤凰冠名的地区、著名企业的相关人士，在这里举行了"天下凤凰聚凤凰"活动。2009年，丽江·凤凰双城水墨书画联展、中国苗族银饰文化节等活动成功举办。2015年，凤凰精心推出"品百味民俗，游千年古城，赏万家灯火"主题年节活动，吸引50余万游客体验民俗年文化。

(2) 凤凰古城文化产业带动乡村旅游的融合发展

凤凰县围绕旅游，加大整合民族民间工艺资源力度，扶持旅游商品加工企业发展，大力开发服饰、食品、工艺品、文化艺术品以及风光和民俗音像、名人名著、蜡染、扎染、银器等民族文化旅游商品。通过精加工、集约化、创品牌，使小作坊有了大眼界、小商品形成大产业。据统计，凤原县仅面向游客从事银器加工生产的就多达几十家。精品景区有扩展后的沈从文展览馆和熊希龄展览馆，沱江游道三期工程、"烟雨凤凰"山水实景晚会、凤凰国际风情园、八角楼公园、南华山景区、凤凰国家地质公园等项目建设早已竣工。沱江夜景和凤凰古城夜景亮化已打造完成。古唐城整修和景区配套设施建设已运营，黄丝桥古城景区已成为凤凰旅游新的目的地、游客集散地。与此同时，星级宾馆酒店、交通运输、文化娱乐产业、旅游商品专业市场、批发市场等联合发力，带动了商贸流通、运输仓储业、房地产业、批发零售业的快速发展，促使旅游业成为拉动经济增长的重要支撑点。

据统计，乡村旅游为凤凰直接提供就业岗位1.5万个，全县涉旅从业人员共计4.5万人。在旅游经济的激活下，蜡染、扎染、纸扎、银饰等传统工艺品，成为最抢手的旅游商品。古城现有旅游商品经销店500多家，以盈丰公司为代表的旅游品加工产业集群初步形成。几年来，凤凰县城镇居民人均可支配收入每年以15%以上的速度递增，截至2009年9月，居民银行储蓄存款余额达20多亿元。

据凤凰县旅游局的数据分析，经营权易主后，古城每年的游客量递增50万人。2001年至2008年，县GDP由8.35亿元增加到22.87亿元，以文化旅游为主的第三产业实现增加值13.5亿元，占全县国内生产总值的59%，从2009年1至9月统计的数据来看，第三产业增加值已占到该县国内生产总值的62%，乡村旅游在凤凰经济发展中已处于主导产业地位，成为富民强县的最大门路。

（五）文旅一体型模式

文旅产业一体化融合是指"文化产业和乡村旅游在一定空间范围内，通过产业规划的一体化、发展的一体化、产品的一体化、服务设施的一体化、市场的一体化和管理的一体化等手段，实现产业你中有我、我中有你的一体化融合发展"。乡村旅游与文化产业一体型融合模式的特征主要体现在以下几点。

第一，乡村旅游与文化产业一体性融合的本质原因主要是旅游服务和文化产业的无形要素及其在文化产业上得以应用和发展。乡村旅游与文化产业一体型融合中需要两产业均为软要素驱动的产业，才能基于软要素的扩散去改变被融合产业，同时需要两产业间具有较强的关联性，才能实现无形要素在另一产业得以应用和扩散。

第二，乡村旅游与文化产业的一体型融合实现了融合产业间的相互改变，因此能够获得更多的创新。

乡村旅游与文化产业一体型融合模式同时包含了主动融合和被动融合，实现了乡村旅游与文化产业链的共同创新，在乡村旅游融合实践中目前主要表现为乡村旅游与文化产业之间的融合。虽然创意产业与乡村旅游之间的融合也具有一体型融合的特征，但是目前在实践发展中表现得并不显著。

目前，实现乡村旅游和文化产业一体化发展模式的主要代表性样本是建设文化乡村旅游园区。文化（旅游）产业园区是资源、技术、市场、功能、业务在地理空间上的集聚形成的具有鲜明特色的功能区域，它通过培育扶持和催生壮大具有自主创新能力和核心竞争力的大型文化企业集团，来充分发挥集聚效应和孵化功能，从而为提高我国文化产业整体发展水平注入强大的动力。因此，文化产业园区是乡村旅游与文化产业一体化发展的最佳载体。

相关资料显示，目前我国各级文化（旅游）产业示范园区和示范基地已经创造了累计超过900亿元的收入总额，这充分显示出文化产业示范园区在培育文化企业茁壮成长（孵化器）、促进文化企业发展壮大（助推器）、推动文化产业持续发展（加速器）等方面的重要作用。放眼全国文化产业与乡村旅游的一体化融合发展，各地文化产业发展在政府的积极推动和引导下，已经初步形成了"以国家级文化产业示范园区和基地为龙头、以省市级文化产业园区和基地为骨干、以各地特色文化产业群为支点"，共同推动文化产业加快发展的格局。

总体来看，在乡村旅游和文化产业一体化发展的背景下，各地区要根据本区域的资源禀赋、地理区位和市场特征，充分考虑自身定位和旅游文化产业布局，努力形成错位发展、优势互补的格局,走产业差异化优势发展道路,即确定乡村旅游和文化产业的核心,以产业为主体、产品为重点,通过编制科学的规划和制定政策来促进乡村旅游与文化产业一体化发展。

1. 强化政府职能,为文旅一体化融合提供政策保障

文化乡村旅游是一项涉及面广、带动性大、关联性高、辐射力强、体验性与参与性强的综合性产业,它的发展离不开政府的高度重视和相关部门的大力支持。对此,政府要充分认识并加大政策扶持力度,从而实现旅游文化的有机融合和快速发展,使旅游文化尽快成为区域经济发展的新的增长点。首先,政府部门要高度重视乡村旅游和文化产业的发展,制定长远的科学发展规划,确立针对乡村旅游和文化产业发展的指南和布局导向。比如,建立专门的产业发展组织机构,制定合理的管理制度,出台相应的产业培育和促进政策,在旅游文化经济的大框架下,推动文化资源与乡村旅游间的跨部门、融合式发展。另外,开发新的旅游文化产品时需要大量资金投入,各级政府部门应当给予一定的财政金融倾斜或资金支持,逐步加大政府引导性投入,协调旅游相关部门的参与,发挥市场机制,不断改善文化旅游发展环境,多渠道增加乡村旅游的投入,优化融资环境,拓宽融资渠道,提高融资效益。政府有关部门也应积极支持旅游文化企业进行更新改造和技术创新,切实解决文化旅游企业存在的困难,落实发展项目,改善旅游文化业发展的外部环境。

2. 加大宣传力度,营造文旅一体化融合的氛围

加强旅游宣传,是乡村旅游赖以生存发展的重要手段。没有文化创意活动的营销,就不会有源源不断的游客。旅游业和文化业的融合发展也需加强旅游文化景区整体形象的宣传,以招揽更多的游客。首先,发挥旅游文化协会组织的作用。协会可以充分发挥服务、协调的功能,开展旅游文化讲座,提供行业发展动态;帮助建立旅游文化信息网络,宣传、推介文化旅游产品,为消费者提供信息服务;协助质量监管工作,

组织会员订立行规行约并监督遵守等，这有助于乡村旅游和文化产业新成果的推广应用。其次，合理利用各种媒体。旅游文化开发离不开各种媒体的宣传推动，从传统的平面媒体、广播电视到新兴的网络信息服务媒体，媒体在旅游文化开发中的重要作用日益凸显。湘西永顺的王村因《芙蓉镇》这部电影而闻名；2004年《印象·刘三姐》这部山水实景演出作品把阳朔变为真正意义上的旅游目的地，极大地推动了广西旅游文化产业的发展。同样，其他旅游文化地区也可以利用电影或宣传片等媒介形式，将特有的文化魅力加以传播，将特色的文化旅游产品加以推广。

3. 优化产业结构，加快文旅一体化融合的步伐

产业结构合理化是指产业与产业之间协调发展能力的加强和关联水平提高的动态发展过程。要加快乡村旅游与文化产业有机融合的步伐，就要进一步规范乡村旅游与文化产业的经营与管理，优化旅游文化产业的结构。在优化旅游文化产业结构的进程中，要从现有旅游文化资源禀赋、开发现状及存在的问题等实际情况出发，使旅游文化成为一种新的产业来促进区域经济的增长。其核心就是要从旅游文化空间布局、旅游文化产品布局、旅游文化目标市场结构等方面对旅游文化产业进行战略布局。在乡村旅游空间布局方面，可以在文化旅游圈发展的基础上，综合考虑文化乡村旅游发展过程中所关联到的乡村旅游、文化产业等众多部门，加速部门之间的整合，形成完善的产业链；在旅游文化产品结构布局方面，除了保留传统的旅游产品之外，更应打造出旅游文化产品的特色，使之成为旅游文化产业的标志；在旅游文化目标市场结构方面，应构建新的旅游文化产品销售渠道，形成统一的旅游文化市场。

4. 完善经营管理机制，提高文旅一体化融合的效率

科学完善的经营管理机制可以有效地提高旅游文化开发商或经营主体等利益相关者的管理效力和决策实施速度，提高乡村旅游与文化产业融合运作的效率，增强旅游

文化景区的竞争能力与生存能力。要完善旅游文化产业的经营管理机制，最根本的就是面向市场，加快相关文化旅游开发商及经营主体的体制改革和旅游文化景区开发管理的体制创新，按照市场运作规则指导旅游文化产业发展。在加快相关旅游文化开发商或经营主体的体制改革方面，要按照现代企业制度的要求，构建统一开放、竞争有序的现代文化市场体系，推动国有旅游文化开发商或经营主体的改制重组，增强其市场竞争力；采取多种形式推动中小旅游文化开发商或经营主体改革，鼓励多种经济成分参与旅游文化产业的发展，积极扶持中小旅游文化开发商或经营主体向经营专业化、市场专业化的方向发展。在加快旅游文化景区开发管理的体制创新方面，要继续探索旅游文化景区按照政企分开、事企分开、所有权与经营权、管理权分离运营的有效途径，推进旅游文化景区开发管理的体制创新，并采取独资、外资、合资、租赁、承包和出让开发权等多种方式，吸引多方投资参与文化旅游经营。在建立规范的文化旅游市场运作规则方面，要重视建立旅游文化统一市场，培育旅游文化目标客源市场、旅游文化产业供给市场及旅游文化要素市场等，还要协调地方利益与外来企业的关系，保障各文化旅游企业获得公平的竞争环境。

第二节　乡村旅游与文化产业融合发展机制

一、乡村旅游与文化产业融合发展机制的内涵

"机制"（mechanism）一词最初用于自然科学，原意是指机器、机械、机构的构造和工作原理。例如汽车，通过动力、传动、导向等装置在一定结构下互相联系、互相作用而行驶的。后来机制依次逐渐地被应用于生物学和医学，用来表示生命有机体的各个组织和器官如何有机地联系在一起，并通过它们各自的相互作用产生特定的功能，

从而维护生命有机体的正常活动。"机制"一词用于经济学也是启发于生物学和医学的认识。

简而言之,机制就是一种系统运行的、动态的、带规律性的模式。社会是一个大系统,社会的运行便是由社会机制承载和推动的。乡村旅游与文化产业融合发展本身也是一个系统,因此,也有其承载和推动的机制。在乡村旅游与文化产业融合系统中,除了要依靠乡村旅游的带动作用,还要找到一种把乡村旅游与文化产业结合起来的机制。它要以二者的"融合"为特征,使各自在"有机结合"中发挥自己的作用,来推动乡村旅游与文化产业融合发展,这就是其融合发展的机制。

二、乡村旅游与文化产业融合发展机制的特征

乡村旅游与文化产业融合发展机制的最大特征就是让融合发展系统内的诸要素都参与进来。另外,两大产业融合发展的机制还具有以下特征:

(一)规律性

凡是有效机制的形成和完善,总带有一些规律性的因素,符合一定的规律要求,如人体缺水时就会感到口渴。而作为一种社会机制的乡村旅游与文化产业融合发展机制,因其会受到融合发展的认知程度、功利目标等主观因素的制约和行业环境、市场环境等客观因素的变化带来的影响,有时,当条件和环境已经改变了,但以前的因素还在起作用,所以其融合发展的机制的情况要复杂得多。虽然情况复杂,但乡村旅游与文化产业融合发展还是有一定的规律可循的,这就要求相关部门在制定其融合发展规划时,具备创造性的思维,应该不断地跳出原有的框框去认识和适应新的规律。

(二)普遍性

乡村旅游与文化产业融合发展机制存在于整个融合发展过程之中,是融合发展系

统中各个子系统联系的纽带，是融合发展系统发生综合效应的条件。各个子系统虽然都有自己的运行机制，但都要受大系统普遍性的制约。

（三）层次性

乡村旅游与文化产业融合发展的每个部门均要受若干个机制的制约。融合发展的大系统和子系统各自的运行构成一个相互关联的机制体系。根据其不同的影响力和涵盖面，不同的机制具有高低不同的层次。低层次的机制是高层次机制的展开和具体化。

（四）灵活性

当乡村旅游与文化产业融合发展系统遇到社会环境的变迁、游客对精神文化追求的升华、旅游工作中心的转移、相关部门政策调整等情况时，必须能够跟随时代的变化而改变，能随时跟上时代的步伐。这就需要其机制具有可控性、灵活性，这种机制能随着环境、目标等方向变化而调整一致，能随时保证融合过程的科学化，从而使之真正达到适应乡村旅游与文化产业融合发展的要求。

三、乡村旅游与文化产业融合发展机制的理论研究

（一）系统理论

传统的科学研究方法主要是分解法，系统研究采用的是分析与综合相结合的思想方法。一般系统论创始人贝塔朗菲把系统定义为"处于一定的相互关系中并与环境发生关系的各组成部分的总体"。系统学家钱学森则指出："把极其复杂的研究对象称为系统，即由相互作用和相互依赖的若干组成部分结合成的、具有特定功能的有机整体，而且这个系统本身又是它所从属的一个更大的系统的组成部分。"

依据系统动力学的基本思想，结合不同角度对系统要义的概括，系统可定义为一个由相互区别、相互作用的各部分有机地联结在一起，为同一目的完成某种功能的集

合体。系统的主要特性表现为层次性和目的性。一个目标系统必然地被包含在一个更大的系统内，这个更大的系统就是目标系统所处的"环境"，目标系统内部的要素本身也可能是一个较小的系统，从而形成了不同级别系统的垂直层次关系。从系统动力学的特点来说，它主要的研究对象是复杂动态反馈性系统，也就是存在输入和输出反馈关系的闭环系统。

最早将系统分析方法引入旅游研究领域的是甘恩（2002），他在1972年提出了旅游功能系统模型，该模型分为需求和供给两大部分，包括旅游者、交通、吸引物、服务以及信息促销等5项。杨颖（2008）认为，乡村旅游融合的动因包括旅游的体验性、闲暇的二重性以及企业对经济性的追求；徐虹等（2008）指出，促使乡村旅游发生融合变化的内在动力在于乡村旅游系统的强关联性以及追求效益最大化的冲动性，其外在驱动力则由市场需求的推力、竞争合作的压力、技术创新拉力和规制放松助力构成；张辉等（2011）认为，乡村旅游与其他产业的融合发展是以旅游者的需求变化为导向的，其根本动力是旅游需求变化，旅游方式与旅游类型多样化是促成乡村旅游融合的决定性因素，信息技术在这一过程中是实现乡村旅游融合的一种重要手段，起到助推的作用；余书炜以"消费—供给"模式为基础建立了"旅游理论研究内容的框架"，这一模式将旅游活动理解为经济学现象，利用经济学的方法，定性和定量研究旅游因子的演变规律。作为旅游与文化产业融合的产业系统具有其独特性，分析产业融合发展的主导因素首先应该从供、需两方面进行，其次是产业融合与周围环境的互动。

（二）乡村旅游与文化产业融合路径机制

于乡村旅游与文化产业各自的功能、作用、技术、优势、特色等的不同，其融合路径也很复杂，主要融合路径有资源融合、市场融合、技术融合、功能融合等四种。资源融合：乡村旅游中的旅游资源为文化产业提供了丰富的可利用、可挖掘元素，能拓展文化产业的发展空间。而文化产业将其创意和科技转化为创意旅游产品，从而满足了旅游者的多样化需求。市场融合：乡村旅游的市场容量大，市场群体主要是户外活动爱好者，而文化产业则能发挥互补作用，两者结合不但扩大了整体市场规模，而且提高了市场的质量。技术融合：文化产业在现代科技发展的带动下，技术优势比较明显，它的引入和融合会带来旅游业科技含量的提高，促进旅游产品结构的优化。功能融合：旅游和文化产业都具有经济功能、文化功能，文化产业因旅游形式的注入更易于被人接受，乡村旅游因文化融入而更富有内涵。

四、乡村旅游与文化产业融合发展机制措施

（一）政策机制

乡村旅游和文化产业融合发展不仅从微观上改变了产业的市场结构和产业绩效，而且从宏观上改变了一个国家的产业结构和经济增长方式。产业融合是传统产业创新的重要方式和手段，有利于产业结构转型和产业升级，提高一个国家的产业竞争力。在乡村旅游和文化产业融合的新趋势下，应从多个方面来考虑以制定出促进我国乡村旅游融合发展的政策措施。

1. 创造良好的政策环境

良好的政策环境可以促进产业融合的发展。目前乡村旅游和文化产业融合的实践主要是得益于国家对旅游业和文化业的大力支持，得益于旅游业作为新兴产业，各种管制和垄断尚未形成。但是随着乡村旅游和文化产业的不断发展，就会涉及诸多成熟的经济部门，原有的政策措施或者管制措施如果不及时调整，就会影响到乡村旅游融合进一步发展。因此，政府要进行规制调整和机构改革，为乡村旅游融合发展创造良好的政策支持环境。

2. 制定产业融合激励政策

在充分认识企业是乡村旅游和文化产业主体的基础上，顺应两者的发展趋势，在

观念上进行创新，在战略上实施转变，从多方面、多角度促进企业进行融合。国家通过制定相关的产业、财政税收、金融等政策措施来激发内在的驱动力，鼓励企业进行跨界经营、混合兼并、实施战略联盟等行为，从而实现资源的合理流动，在技术和市场开发方面共担风险。着力培育有竞争力的大型旅游企业，充分发挥大型旅游企业在产业融合中的主体作用。但在促进旅游与其他企业一体化综合发展、做大做强的同时，要防止垄断的产生，以避免市场的畸形发展。

3. 鼓励技术创新

从产业融合理论的角度来看，技术创新是技术融合与产业融合的重要条件和保障。技术创新使旅游业和文化业的科技含量不断提高，为乡村旅游与文化产业的发展注入新的活力和增添新的内容，加速乡村旅游与文化产业的融合和结构优化的步伐，是乡村旅游和文化产业的直接推动力。因此，政府应重视和鼓励关联度高的产业技术创新，尽快把一些高新技术，尤其是信息技术，尽快应用到旅游和文化产业中，为乡村旅游和文化产业的融合搭建公共技术平台。鼓励与旅游相关技术的研发、推广，对进行技术更新的旅游企业给予政策支持。

4. 引导旅游消费

乡村旅游和文化产业融合是以旅游者的需求变化为导向的，旅游需求的多样化是促成两者融合的主要因素。可以从改变人们当前的消费内容和工作方式来创造新的旅游需求入手，来引导旅游消费。目前，对旅游消费需求的制约主要不是收入问题，而是闲暇时间缺少的问题，由于假日改革滞后等方面的原因，带薪假期不能很快实现，这使得人们的出行受到约束，导致旅游的消费停留在初级状态，旅游消费结构升级缓慢。因此，可以通过假日改革等措施引导旅游消费，拉动旅游经济。随着经济的发展，人们收入水平的不断提高，旅游需求将会不断升级，就会实现对乡村旅游和文化产业融合的拉动。

5. 发展旅游教育

在知识时代，唯有重视人才和加强人力资源的开发利用，才能适应社会的发展趋势。乡村旅游和文化产业融合的发展对跨行业复合型人才的需求不断增加，高端、复合型旅游人才是实现产业融合的关键。在旅游教育中，要以大旅游的思维，以产业融合的范式去理解旅游业与文化业的发展空间，培养具有融合战略观、跨行业驾驭能力、高业务水平的人才，以适应未来行业发展的需要，消除乡村旅游融合的人才瓶颈。因此，要根据产业动态进行旅游教育体系的调整，既要培养提供行业基础服务的技能型人才，又要培养富于创造性的高级人才。

6. 积极构建促进融合的宏观、中观、微观带动体系

乡村旅游与文化产业的融合发展不仅可以使二者获得更大的市场空间、增强发展后劲，而且有利于我国实现产业结构的合理化、高级化。政府可积极构建促进融合的宏观带动体系、中观支持体系与微观引导体系，以促进文化产业与乡村旅游的深度融合。

（1）构建促进融合的宏观带动体系

①在政策上积极引导

首先，制定产业政策时应充分强调乡村旅游与文化产业的重要性，深化社会各界对其产业内涵、产业特性及产业运营状况的认识，提高对其发展的重视程度。其次，在相关政策表述中强调文旅融合的发展方向，从文化和旅游的角度提出了文旅融合的构想。再次，营造宽松自由的文化环境，鼓励多种形式的文化创新。只有富于特色和创新能力的文化产业才能与乡村旅游更好地融合，进而形成优质的文化旅游产品。最后，打造友好的旅游环境，以开放的姿态走向世界。

②在管理上密切合作

根据目前的体制，我国的旅游工作和文化工作是由两个不同的部门分别来进行管

理，所以要实现旅游和文化的深度融合，就需要加强两方面各个部门的协同配合。工作中，应注意理顺工作关系，消除融合障碍，建立旅游与文化部门的联合工作机制，及时解决两大产业之间的问题，妥善处理产业发展关系，规范行业发展，实现互动共赢的局面，为两大产业深度互融扫除体制性障碍。

③在技术上引领发展

技术的进步是文化产业与乡村旅游融合发展的必要条件，技术研发耗资巨大，需要政府的大力资助和扶持。在这方面，政府应起到鼓励科研、引领创新、推动融合的作用。

④在实业上示范带动

政府在市场经济中是"看不见的手"，政府的经济行为对市场具有一定的导向作用。通过政府牵头，兴建一部分产业融合的标杆示范项目，如建立具有旅游功能的文化产业园区、博物馆、主题公园等，均会对经济主体产生示范带动作用，进而达到促进文旅融合的目的。

（2）构建促进融合的支持体系

①切实落实政策

对于国家关于促进乡村旅游与文化产业融合发展的纲领性文件，地方上应认真学习、深刻领会，并根据各地不同的资源禀赋及产业特征制定出具有针对性的产业融合策略，把国家的产业引导政策落到实处。

②城市鲜明定位

给自己的城市以鲜明定位，以定位促进融合合，这是很多城市的促进融合策略。鲜明的城市定位就好像一个产品的品牌一般，昭示了该产品的文化内涵与产品宗旨，使人一目了然、印象深刻。

③整体发展观念

采用整体发展的思路促进乡村旅游与文化产业的融合，以达到集体效应最大化，这是一种经济"共赢"的表现，具体包括圈层建设与产业集群两方面。要落实文化产业与乡村旅游的融合政策，地方政府应站在大文化、大旅游的高度对二者进行整合，而不只是拘泥于一区一地，有条件的地区可规划"文化圈""旅游圈"等圈层，实现地区间的整体发展。此外，乡村旅游与文化产业可以通过集群化发展共享基础设施和市场资源，减少交易费用，降低成本。同时，二者还可以借助集群化的优势，敏锐地获得双方的最新市场状况，及时做出产品与运营方面的调整，实现时时融合；游客也可以方便地在二者的聚集区获得更多更好的旅游和文化服务，使供求双方均产生增益。

（3）构建促进融合的微观引导体系

①经济性与科学性相结合

在开发文化旅游资源时，政府和企业不仅要关注资源的经济性，还要注意资源开发及管理过程中的科学性。首先，盲目和不合理的开发不仅会影响到已开发资源的品位，同时还会对后期的加工及再开发带来不利影响。其次，资源管理也要具备科学性，对于已经开发的资源，要科学管理、科学维护、科学发展。

②融合产品的市场性与创新性相平衡

很多旅游产品在与文化的融合过程中会涉及文化原真性的问题，政府应积极引导运营主体注意尊重文化的原真性，有些项目甚至有必要请有关方面的专家进行论证，不能只注重产品的市场性，而忽略了其文化真实性，应做到原真性与市场性的平衡。

（二）组织机制

产业融合往往发生在产业的边界和交叉处，必然带来产业边界的模糊或消弭，并通过市场融合改变传统的市场结构，使其发生更为复杂的变化。产业融合建立了产业、企业组织之间新的联系，促进了更大范围的竞争。有的企业在这个过程中结成联盟、加大合作，有的企业则破产倒闭、合并重组。借助哈佛学派的产业组织理论，按照 SCP 框架对产业融合进行分析，可以发现组织的融合主要体现在产业融合对市场结构、市场行为、市场绩效这三个方面的影响和改变。融合的生产力必然带来融合的生产方式。新的组织形式也在这样的过程中演化而成。

在乡村旅游融合发展的过程中，旅游业的产业环境、市场环境、组织环境均发生了巨大的变化，这些变化对旅游组织的影响尤为深刻。旅游企业在充分考虑市场的供求条件以及自身与其他企业关系的基础上，必须在产业融合的过程中对企业的战略选择和经营模式进行调整，采取新的竞合战略。许多旅游企业都围绕着产业融合的核心内容进行开放式经营，借助外界技术革新和政策条件的支持同别的企业建立开放合作的企业间关系。

1. 组建多元化旅游集团

纵观国际旅游企业发展的轨迹，可以发现，旅游组织在经过扩张发展之后往往成为具有较强实力的大型旅游集团。为了适应产业融合的发展态势，多元化旅游集团将处旅游组织的发展趋势之一。比如，成都文旅集团其业务范围涵盖历史文化街区开发、古镇开发、主题乐园开发、综合旅游度假区开发、大型体育场馆运营、旅游网站运营、节庆展会运营、文化演艺、旅游纪念品开发等业务，通过开展多元化经营，"发展大旅游、形成大产业、组建大集团"的多元化旅游集团形象已基本成形。

2. 构建旅游企业战略联盟

在产业融合的背景下，市场竞争日趋激烈，如果一个企业不能处理好与其他企业的竞争合作关系，那么这个企业可能就会停滞不前甚至于会衰落。乡村旅游融合涉及两个或多个产业，构建联盟已成为融合中的相关组织进入对方市场的重要方式，并成为组织快速成长的主要战略方式之一。比如，2011 年 1 月 10 日，携程旅行网与成都文旅集团宣布正式签署旅游营销合作协议，全面开启成都城市旅游网络营销项目、共同包装研发成都旅游产品，在大中华地区拓展成都休闲旅游市场。根据双方的协议，成都文旅集团委托携程旅行网全面承接成都城市旅游营销方案项目，以"两岸共赏西岭千秋雪特别行程"、国际旅游之都、美食之都、大熊猫故乡等主题，结合成都丰富的旅游资源，策划并开发差异化、融合化旅游产品。通过携程旅行网全国范围的销售网络、合作伙伴、12个机场度假体验中心等线上线下资源，在中国大陆及港、台地区营销推广成都旅游。

组织层面的融合对于乡村旅游实现真正意义上的融合尤为重要。为了顺应产业融合发展趋势，在新的产业环境中占据有利位置，有必要积极主动地进行自我调适，以适应新的竞争与合作关系。

（三）市场机制

在市场经济体制中，旅游与文化产业的规模通常由市场供求双方力量对比后自发确定，旅游市场机制因之成为配置旅游资源的有效途径。然而，市场不是万能的，而是存在着许多缺陷并导致资源配置效率没有或不能达到最佳状态，西方学者称之为市场失灵。此时，市场这只无形之手在某些经济现象面前就显得无能为力，不能达到相应的成效。旅游和文化市场机制失灵的主要原因如下：

一是市场的不完全性，即垄断和进入障碍不同程度地存在于现实经济生活中，完全竞争的市场是不存在的，相反，垄断却构成了经济常态。垄断现象的大量存在，是实现旅游业和文化业帕累托最优的最大障碍。例如，在我国由于民航部门对航空交通"瓶颈"实行绝对垄断，价格机制因此被扭曲，居高不下的票价并非反映供求力量对比形成的市场价格。与此同时，政府行为的干预则进一步强化和突出了旅游和文化业中的垄断特征。譬如，实行计划经济体制时，我国为保护国内旅行社就曾严格禁止外资旅行社进入我国市场；旅游业日趋萎缩的某些国家为防止客源流失、繁荣国内旅游市场，对本国居民出境旅游严加管制，从而人为地膨胀国内旅游需求。政府行为的干预形式还表现为除设置行业进入障碍之外的限制性的规定和规章，其中又以拒绝赋予同本国存在摩擦的国家的航班在本土的着陆权尤为典型。此外，某些旅游资源具有的独一无二性和不可替代性，也是旅游业中垄断现象层出不穷的另一主要原因。

二是公共产品性质和外部性的普遍存在。由于大多数的旅游资源都具有"公共产品"的性质，例如，西湖的美景、香山的红叶、海滨的"三S"风光等都是天然形成的旅游资源，因而其消费具有可分享性和非排斥性。一定限度内增加一个游客的消费并不影响其他游客从这些资源中获得的享受和满足。在旅游业中，多数旅游产品之所以成为"公共产品"，主要原因在其产权界定不清晰，没有在东道社区、旅游者和旅游开发部门三者之间得到合理明确的赋予，从而使人们产生了"旅游产品具有公共产权"的思想误区。在旅游实践中，常常表现为上述三类当事人把旅游景区当成"公地"共同使用，旅游景区因此产生拥挤、污染和环境损害等外部不经济效应，市场机制却因无法消除这些外部性效应或对其施加影响而产生失灵现象。因此，从整个社会来看，由于社会成本的存在，旅游与文化市场出现大量的资源无效利用现象，因而只能处于非帕累托最优状态。

三是决策的盲目性和信息的不对称性。在旅游和文化市场中实现的经济均衡，是一种事后调节并通过分散决策而发生的均衡，它往往具有相当程度的自发性和盲目性，由此引起旅游业和文化业的波动和旅游资源的浪费。此外，在两者的市场关系中，还广泛存在着信息不对称和信息失真的情况，总有其中一方掌握更多的信息，或者利用信息的不对称性欺骗另一方，或者提供失实的信息，从而导致旅游和文化市场机制失效。

在旅游市场存在上述缺陷的情况下，有必要采取一系列措施进行校正和调节，笔者认为，可以从以下几点入手：

1. 建立和完善使乡村旅游和文化产业市场主体行为规范的法律体系

在市场经济条件下，市场经济主体的经营权利和义务是其从事经济活动必备的前题条件。因此，为了保证旅游经济活动中各经济主体的权利和义务，保障各经济主体在其权利受到侵犯时，能得到充分的法律保护，就必须建立和完善使旅游和文化市场主体行为规范的法律体系。目前，我国已颁布了《企业法》《公司法》以及有关旅行社、宾馆饭店、旅游景区、旅游车船等方面的法律和规定，对规范旅游企业和文化企业行为起到了积极的作用。但是，由于对旅游和文化市场主体行为规范的法律体系尚不完善，因而对旅游企业和文化企业的行为规范和权利保证仍然十分薄弱，急需建立和完善旅游和文化市场法律体系，创造一种平等竞争的市场法制环境，以真正确立旅游企业和文化企业自主经营、自负盈亏、自我发展的市场主体地位。

2. 建立和完善使旅游市场秩序正常化的法律体系

在市场经济体制中，旅游和文化市场主体的活动及市场机制的运行都要求具有正常化、规范性的旅游市场秩序，否则就会阻碍旅游和文化市场机制的有效发挥。从目前看，急需建立和完善的旅游和文化市场秩序的法律体系主要包括三方面：一是有关旅游和文化市场进退的法律，即对各旅游和文化市场主体进行市场的审查、成立、管理、破产等法律、法规的建立，使所有旅游和文化市场主体的全部活动都有规范性的法律依据；二是有关旅游和文化市场竞争秩序的法律，即以市场活动为中心，制定有关旅游和文化市场竞争的法律，规范旅游和文化市场的竞争行为，维护公平的市场竞争秩序，促使各市场主体平等地进行交易活动，公平地参与市场竞争；三是有关旅游市场交易秩序的法律，即通过制定有关法律，实现交易方式规范化、交易行为公平化、交易价格合理化从而规范旅游和文化市场的交易秩序，维护各市场主体在交易中的权利。

3. 建立和完善有利于加强旅游和文化宏观管理的法律体系

为了促进旅游业的可持续发展，必须把乡村旅游与文化产业的宏观管理建立在充分运用法律手段的基础上。因此，应建立和完善有关旅游和文化宏观管理的法律体系。一是要制定宏观调控的法律，以使价格、税收、外汇、信贷、开发建设等方面的法治化，既保证国家对旅游经济和文化经济的宏观调控力度，又为旅游企业和文化企业经营的规范性、灵活性、自主性提供保障；二是要进一步完善涉外法规，促进旅游和文化产业的对外开放和国际性接轨，加大利用外资、引进技术、扩大交流和对外合作的步伐，使旅游与文化产业成为对外开放的先导产业。通过建立和完善旅游和文化宏观管理的法律体系，有利于规范政府的管理行为，使政企之间的职责以法律形式明确下来，提高国家对乡村旅游和文化产业的宏观管理能力和水平

综上所述，市场机制决定着乡村旅游与文化产业的未来，强化市场机制，加强宏观管理是发展旅游和文化产业的关键所在，要审时度势，要敢于前，敏于行，按照市场规律科学定位，寻求经济利益最大化。在现代市场中，旅游企业和文化企业应把满足旅游者的需求放在首位，只有充分满足旅游者的需求，企业才能生存发展。旅游者的需求存在差异，旅游企业受技术、资源和管理能力的限制，不能占领所有的细分市场，只能根据自己的任务、目标和内部条件等，选择对自己当前和今后一段时期内最为有利的一个或几个细分市场作为营销重点。

（四）创新机制

对于"创新"的研究可以追溯到1912年熊彼特的《经济发展理论》，书中认为"技术创新就是一种新的生产函数"，也就是说将一种从来没有过的生产要素和生产条件的新组合引入生产体系。随着经济信息化和网络化的发展，创新日益呈现出明显的集约发展趋势。此外，创新引领发展，这里所指的创新主要是指技术创新，技术创新是乡村旅游与文化产业融合发展的必要条件，技术研发耗资巨大，需要政府的资助扶持，在这方面，政府创新机制、引进人才、推动融合的作用是显而易见的。

创新是一个国家和民族进步的灵魂，更是文化产业的生命力所在。乡村旅游与文

化产业融合发展不是简单叠加和硬性捆绑，它涉及乡村旅游各个要素、各个环节的创新提升。推动乡村旅游与文化产业融合发展，需要创新发展理念、加强顶层设计，不断完善相应的创新机制。应大胆解放思想，坚决打破就旅游抓旅游、画地为牢、自我封闭等落后保守观念的束缚，深入探索推进两大产业融合发展的管理体制、工作机制，形成协同发力、合作共赢、相互支持、相互促进的体制机制；适时制定出台诸如产业集群打造、龙头企业培育、品牌项目开发、专门人才培养、投融资体制改革等政策措施，有效发挥政策的驱动和激励作用；积极推进旅游区域合作，形成资源共享、市场共有、互利共息的发展格局。乡村旅游和文化产业都是创意产业，而乡村旅游与文化产业融合发展更是其创意的具体展现，需要强有力的人才储备和技术支撑。由于我国乡村旅游与文化产业的发展刚刚起步，人才的培养和引进机制还没有很好地建立起来，人才缺乏是目前一个亟待解决的问题。因为人才缺乏而导致的创意产业少、技术含量低、自主知识产权匮乏就成了产业融合发展的另一个重要问题。为此，要对乡村旅游与文化产业面临的问题进行深入的改革，大力培育集旅游与文化于一体的复合型人才，以此提升两大产业融合发展的技术水平。同时，大力发展自主知识产权，从而推动乡村旅游与文化产业融合发展的理论研究。

乡村旅游和文化产业创新机制构建的目的在于填补在旅游文化创新平台中被确认优先发展的缺口，努力实现先前所确定的战略目标和新组织机制。旅游和文化产业创新机制是创新体系内各主体间的作用机理，通过加强企业、民众、政府、旅游院校和科研机构、中介机构这些创新主体之间的相互作用，相互影响，以此共同促进体系内文化旅游创新能力培育与成长。良好有效的旅游文化创新环境和平台以及旅游和文化产业创新机制都需要企业、民众、政府、中介机构及旅游院校和科研机构的共同打造。

1. 创新示范

乡村旅游和文化产业创新体系中某些主体的创新已获得成功，取得了较高的经济效益、政治效益、文化效益和社会效益。体系中的其他主体受利益驱动,引发模仿和攀比效应而进行创新活动。

2. 需求拉动

需求是人类社会向前发展的基本动力。同时需求也具有异质性,不同类型的要素基于自身的特征会有不同的需求。在乡村旅游和文化产业创新体系中,各要素参与创新主要是通过多种需求的拉动而实现的。首先,市场需求带动的经济效应刺激创新。旅游者对旅游文化创新的需求,直接刺激着乡村旅游和文化产业的创新。随着经济社会的持续快速发展和人民生活水平的不断提高,旅游文化的需求日益增大,需求质量不断提高,且旅游者的需求处于不断的变化之中,其多层次、多方面、多样化的特征愈加明显。乡村旅游和文化产业只有对旅游文化产品进行不断的创新,才能创造出更多高品位、高质量的旅游和文化产品,提供优质的、满足个性化需求的旅游文化服务。其次,社会文化需求带动的社会文化效益激励着创新。旅游文化资源中许多都是文化遗产,文化遗产的传承保护需要在创新性的开发中得以实现,社会效益推动政府、文化资源管理组织、民间团体、民众也积极地参与到旅游文化创新中来。

3. 利益驱动

旅游文化消费者需求的满足能够使企业获得更多的经济效益。利益是经济社会活动的归结点。不同的社会形态主要表现为利益分配机制的不同,要素分配和产权的界定决定了社会的基本属性,追求个人利益是社会发展的原动力,同样也是旅游文化创新的驱动力。旅游文化创新体系要充分发挥个人的能动作用,完善利益分配机制,保护并充分激发旅游文化创新的原动力,利用市场手段来实现对利益的有效分配和引导是旅游文化创新体系设计的根本出发点;同时,旅游文化创新还具有一定的社会人文价值,能产生良好的社会文化效益,现代社会中政府、企业、民间组织、个人在积极追求经济利益的同时,也越来越重视社会文化效益的作用。

4.竞争促动

竞争是创新的动力。尽管市场竞争十分激烈,但为了生存和长远的发展必须要走出价格战等竞争误区,坚决走创新之路。竞争的存在也是旅游文化创新的一大外部推动力。依据旅游产品生命周期理论,旅游产品都会经历一个产生、发展、成熟、衰落的过程,为了谋求自身的生存空间或扩大竞争优势,竞争各方应努力进行创新,此时,竞争是外在的、胁迫性的动力,故称之为促动力。竞争中的互动成为旅游文化创新主体相互作用的主要内容。

此处的竞争包括市场竞争,也包括文化竞争,在全球化的今天,文化软实力已经成为各国竞争的重要因素。一个民族或国家,只有不断地进行文化创新,将本民族的文化传统发扬光大,同时积极吸取外国的优秀文化成果、去粗取精、积极创新,才能在世界民族文化之林中立于不败之地。文化创新与旅游和文化产业创新是增强文化竞争力的不竭动力。

5.技术推动

技术的革新是推动旅游文化创新的重要力量,在旅游文化创新中,传统景区的升级改造、人造景观及娱乐场所的建设、饭店的建设、市场的营销和管理等都需要先进的技术支持。现代的通信技术、网络技术、数字技术等的应用,使乡村旅游和文化产业的创新获得了空前广阔的发展空间。加速新技术的应用和发展,有利于知识、信息在体系中的快速传递,有利于文化内涵表现形式与体验形式的不断更新和丰富。

(五)法制机制

1.乡村旅游和文化产业发展的法制需求

国家对乡村旅游和文化产业发展的目标和定位,使两者已经形成一个以旅游文化为纽带的庞大的系统性的产业集群。在传统的发展路径中,乡村旅游和文化产业并没有作为相对独立的产业集群整体被重视,因此,在法制发展的进程中,也缺乏系统性的针对乡村旅游和文化产业发展的法制环境的规划和设计，还未形成有利于两者发展的系统性的法制环境。从乡村旅游和文化产业的法制环境需求来看，需要下列法治保障。

（1）完善的旅游与文化立法机制

市场经济，就是法治经济。要推动乡村旅游和文化产业成为国民经济的支柱性产业，就必须有保障旅游和文化产业发展的完善的法律机制，这是乡村旅游和文化产业发展对法制环境的基本需求。首先，需要有乡村旅游和文化产业发展的基本法，确保有关产业的基本定位、发展目标、政策支持、机制保障等有基本性的法律规范。其次，需要有行业性的专业性法律规范。由于乡村旅游和文化产业涉及的具体行业广泛，每个行业都有其行业发展特点，因此，在基本法的指导下，应该有较为完善的乡村旅游和文化产业的行业性立法规范。再次，需要有配套的地方性立法规范。除了国家层面的统一立法支持、保障和规范文化产业外，旅游与文化的多样性、发展的地域差异性等也要求各地地方立法机构，需要加强地方配套法规的建设。只有从基本法、行业性法规到地方立法，形成完善的、统一的、一体化的文化产业法律规范体系，才更有利于文化产业健康快速发展。

（2）协调的旅游文化执法机制

由于乡村旅游和文化产业的特殊性，两者的发展不仅要满足我国人民对丰富精神文化生活的热切愿望，更要扎实推进社会主义核心价值体系的建设，促进乡村旅游和文化产业整体规模和实力快速提升。因此，在我国，与乡村旅游和文化产业相关的各个不同产业背后，都有相对应的行政管理部门。这些部门承担着政策制定、政策执行、审批管理和行政执法等职能。尤其是行政执法权的行使，既要打击乡村旅游和文化产业发展中的违法行为，更要保护和促进乡村旅游和文化产业的健康稳定发展，如何建立健全协调统一的执法机制，是旅游文化产业发展对法制环境的另一重要需求。

（3）公正的司法保障机制

在旅游文化产业大发展大繁荣的背景下，各种新型的乡村旅游和文化产业纠纷和冲突必将随着两产业的快速发展而急剧增加，各种旅游文化资源权属关系的纷争，各种智力成果的保护与争夺，各种新型产业机制的冲突，等等，都给传统的司法机制提出了新的挑战。由于旅游文化产业的创造性、科技性、智力性都是产业的重要特点，智力成果是大多数旅游和文化产业的核心价值，因此，当纠纷出现时，只有公正及时的司法保障，才能真正地定分止争，保障企业的健康运行。否则，乡村旅游和文化产业遭受侵权时，相比传统产业乡村旅游更具脆弱性。

（4）便捷的法律中介服务机制

旅游文化产业设立中的股权关系构建、运行中的权属界定与保护、智力成果的确立与转化等等，都涉及专业的法律知识。在乡村旅游和文化产业的快速发展中，对法律中介服务会有大量的需求，无论是提供咨询服务还是专业代理，都需要专门的法律中介服务机构来承担。因此，政府在促进乡村旅游和文化产业繁荣和发展的同时，一定要重视正确引导和鼓励律师事务所、知识产权代理机构、公证机构等法律中介服务机构积极参与两者产业的发展中来，为乡村旅游和文化产业发展提供法律服务和保障。

2. 乡村旅游和文化产业发展中的法律保护存在的问题

我国出台了一系列政策对乡村旅游和文化产业进行规划和引导，并且修改和制定法律对旅游和文化产业的发展进行了保护。虽然取得了很大成就，但仍存在着很多不完善的地方，具体存在以下几个问题。

（1）乡村旅游和文化产业法律保护在立法方面存在的问题

第一，我国乡村旅游和文化产业的发展仍存在以政策支持为主，以法律保护为辅的情况。在我国乡村旅游和文化产业的发展中，存在大量的政策，这与我国法治化进程的发展程度有关，也与国家认识到旅游和文化产业的重要性，给予扶持和对旅游文化改革的缓慢和慎重有关，也与旅游和文化产业作为一个产业发展时间不长但却发展迅速，且不断与高新技术和相关产业融合紧密相关。为此，目前在文化产业的发展中仍呈现出政策的强力扶持占主导，而法律的保护位居次位的现象。

第二，我国乡村旅游和文化产业发展中的法律制度不健全，起不到应有的保护作用。随着我国法治化进程的发展，乡村旅游和文化产业在立法保护上不断完善，但法律保护体系仍需加强。目前我国只是形成了基本的保护制度，还缺乏体系化的法律保护制度。突出表现在我国相关法律对乡村旅游和文化产业的促进、管理和规范只是在个别条文上有所涉及，而相关司法解释却不是很完备。

第三，我国乡村旅游和文化产业发展中的法律位阶不高，权威性不够。截至目前，乡村旅游和文化产业的法律保护逐步完善，但都是部分涉及文化产业的法律保护。目前乡村旅游和文化产业法律保护都属于行政法规或部门规章，它们法律位阶低，权威性不够，原则性较强，不具有操作性，对文化产业发展的促进有限。唯有制定单行法，提高乡村旅游和文化产业的法律地位，才能确保乡村旅游和文化产业的健康持续发展。

（2）乡村旅游和文化产业法律保护在执法方面存在的问题

第一，我国乡村旅游和文化产业发展中存在多方管理、职责不清的问题。我国乡村旅游和文化产业的行政管理由多个部门负责，主要包括文化和旅游部、国家版权局、国家知识产权局等部门。各部门职责权限不够清晰，在处理有关争议的问题时沟通和协调存在一定难度，有时还存在互相推诿等不作为行为。这使乡村旅游和文化产业的有关纠纷和侵权行为难以得到彻底解决，从而损害了权利人的利益，不利于文化产业的健康发展。另一方面，行政管理权和行政执法权集于一身，缺乏有效的监督，致使乡村旅游和文化产业在行政保护方面比较被动。

第二，我国乡村旅游和文化产业发展中存在执法不严、执行难的问题。在乡村旅游和文化产业行政执法中，存在着个别有法不依、执法不严、违法不究的现象。一方面是因为违法现象严重,行政执法人员存在政策性的集中整治而非长期严打的客观现实;另一方面则是还存在着一些虽然经过行政部门的处理,但违法者拒不执行,权利人利益难以得到维护的问题。乡村旅游和文化产业的行政管理属于事前和主动的保护行为,如使用好,可以有效保护文化产业的发展。

(3)乡村旅游和文化产业法律保护在司法方面存在的问题

第一,我国乡村旅游和文化产业中对侵权的认定难度大。在乡村旅游和文化产业的发展中经常性地存在着仿冒或者侵犯对方权利的事情,由于我国部分法律本身不够完善、保护力度缺乏和执法不到位的现实,导致这种情况普遍存在。至此,在乡村旅游和文化产业的诉讼中,对是否侵权、侵犯何种权利、侵权的程度等事实的认定存在很大的困难。特别是旅游和文化产业与高新技术的不断融合,加大了侵权的隐蔽性、便利性、低成本化,同时还使侵权的范围扩大,因侵权造成的损失增大。在诉讼中,法官对于是否侵权只能借助于专家,对于专业性的技术进行鉴定和评判,由于我国在鉴定制度上存在不完善之处,所以对于乡村旅游和文化产业诉讼中侵权的认定还是有很大的难度。

第二,我国乡村旅游和文化产业侵权赔偿额难以确定。对于侵犯乡村旅游和文化产业的侵权行为,我国法律规定了侵权者应该承担的赔偿额:侵权人应当按照权利人的实际损失给予赔偿:实际损失难以计算的,可以按照侵权人的违法所得给予赔偿,赔偿额包括权利人为界定侵权行为所支付的合理开支。但是由于现实中侵权行为和事实的复杂性,导致了侵权赔偿额难以计算,不能量化,同时也难以举证。由于侵权赔偿额难以确定,导致对惩罚侵权行为和保护权利人的利益造成了不便,严重阻碍权利人对乡村旅游和文化产业创新发展的积极性。

3. 完善乡村旅游和文化产业发展中法律保护的对策

（1）完善立法，制定单行法，健全乡村旅游和文化产业法律保护体系

旅游和文化产业已成为很多国家的支柱性产业，是现在及未来经济发展的重大推动力。我国为支持和促进乡村旅游和文化产业的发展应该完善立法，制定乡村旅游和文化产业单行法，提高乡村旅游和文化产业保护的法律地位，同时修改和制定其他有关保护乡村旅游和文化产业的法律，完善乡村旅游和文化产业的民事保护、行政保护和刑事保护，建立完善的乡村旅游和文化产业法律保护体系。

（2）加强执法，明确各有关部门职责，加大执法监督力度

由于乡村旅游和文化产业由多个行政部门同时进行管理，一些部门不作为或者推卸责任的情况屡见不鲜。为此，应明确各有关部门的职责，避免推卸责任的事情再次发生。这样，一方面能够加强对乡村旅游和文化产业的管理，另一方面可以加大对侵犯乡村旅游和文化产业的查处力度。现实中，乡村旅游和文化产业相关执法部门的执法连续性有待加强，应保持执法力度的一贯性，而不是响应政策号召的阶段性执法。尤其在我国乡村旅游和文化产业侵权严重的情况下，唯有加大执法力度，严厉打击侵权行为，才能营造出良好的乡村旅游和文化产业发展环境。对于乡村旅游和文化产业管理中管理权和执法权集于一身这一事实，一方面应建立权力分离、相互制约的机制，另一方面应加大对行政执法的监督力度。

（3）强化司法，准确认定侵权和赔偿额，切实保护权利人利益

乡村旅游和文化产业的司法保护是最后一道法律保护，也是最重要的法律保护。乡村旅游和文化产业在司法保护方面存在诉讼时间长、证据难以搜集、侵权行为难以认定，赔偿额不能量化、难以准确确定和提供证据支持的问题。这些问题困扰着乡村旅游和文化产业的权利人，同时损害着乡村旅游和文化产业发展的环境。为此，需强化乡村旅游和文化产业的司法保护，首先，要尽可能地快速处理产业案件，缩短诉讼

周期，并且进行诉讼、调解、仲裁等的对接机制，为权利人提供多种选择。其次，应该根据诉讼中遇到的实际情况出台解决相关问题的司法解释。再次，加强乡村旅游和文化产业诉讼中鉴定人制度，对有关复杂的案件是否侵权等问题寻求专家的帮助，以进一步快速而准确地处理乡村旅游和文化产业的侵权问题。最后，准确认定侵权的赔偿额，切实保护好乡村旅游和文化产业权利人的利益，保护乡村旅游和文化产业的健康发展。

参考文献

[1] 张松婷.乡村文化传承与旅游产业创新 理论与实践[M].长春:吉林大学出版社,2021.

[2] 罗伯特·保罗·沃尔夫.乡村旅游与文化创意产业融合发展研究[M].延吉：延边大学出版社,2022.

[3] 邹荣,张仁汉.宁夏乡村公共文化服务与旅游[M].北京：阳光出版社,2021.

[4] 河北省乡村旅游与文化创意产业融合性研究[M].延吉：延边大学出版社,2019.

[5] 曹露.黄河流域乡村文化产业发展研究[M].长春：吉林人民出版社,2021.

[6] 刘曙霞.乡村旅游创新发展研究[M].北京：中国经济出版社,2017.

[7] 杨艳丽.金融支持文化旅游产业发展研究[M].北京：中国商业出版社,2021.

[8] 杨占武.宁夏旅游资源与文化旅游产业发展报告[M].银川：宁夏人民出版社,2015.

[9] 王淑娟,李国庆,李志伟.大运河沿岸历史遗存与文化旅游产业发展研究[M].长春：吉林大学出版社,2021.

[10] 邓爱民,郭可欣.数字时代文化和旅游产业线上展会发展理论与实证研究[M].北京：中国旅游出版社,2022.

[11] 王婉飞.乡村振兴战略下我国乡村旅游可持续发展的村民参与研究[M].杭州：浙江大学出版社,2023.

[12] 窦志萍.乡村旅游 从理论到实践[M].北京：中国旅游出版社,2022.

[13] 杨琴.绿色产业助力乡村振兴 中国乡村旅游业高质量发展研究[M].北京：中国社会科学出版社,2022.

[14] 刘玲.基于可持续生计的乡村旅游内生发展效应评价[M].北京：经济科学出版社,2022.

[15] 许少辉.乡村振兴战略下传统村落文化旅游设计[M].北京：中国建筑工业出版社,2022.

[16] 苟勇,龙芙君,李侠.乡村文化旅游建设与发展[M].北京：清华大学出版社,2022.

[17] 王庆生,李烨,冉群超,等.天津乡村旅游发展研究[M].北京：中国铁道出版社,2022.

[18] 陈惠.论扶贫视角下农村旅游文创产品的设计研究[J].包装工程,2020,41(18):302-305.

[19] 王志民,谢园方.苏南地区农村文化旅游资源价值评估与开发利用[J].湖北农业科学,2014.20.074.

[20] 马洁.农村文化旅游产业与当代信息技术融合路径研究[J].商业时代,2014,000(011):121-122.

[21] 薛芮,余吉安.基于地方品牌建构的乡村文化旅游活化路径[J].经济地理,2022,42(6):8.

[22] 李文婷,陈丽琴.乡村振兴战略背景下乡村文旅产业发展的思考[J].农业经济,2022(6):15-17.

[23] 申军波,石培华,张毓利.乡村文旅产业融合发展的突破口[J].文化产业,2020.01.

[24] 鲁明月. 乡村文化旅游发展模式研究 [J]. 纳税, 2019(29):2.2019

[25] 杜丽丽. 民宿在乡村生态文化旅游中的发展路径探析 [J]. 现代营销 (下旬刊), 2017.12.170.